激活

释放内向者的才能和表现力

[美] 珍妮弗·康维勒（Jennifer Kahnweiler） 著

梁 媛 译

中国科学技术出版社

·北 京·

北京市版权局著作权合同登记　图字：01-2022-0380。

图书在版编目（CIP）数据

　　激活：释放内向者的才能和表现力 /（美）珍妮弗
·康维勒著；梁媛译 . — 北京：中国科学技术出版社，
2022.7（2024.7重印）
　　书名原文：CREATING INTROVERT–FRIENDLY WORKPLACES: HOW TO UNLEASH EVERYONE'S TALENT AND PERFORMANCE
　　ISBN 978–7–5046–9578–9

　　Ⅰ . ①激… Ⅱ . ①珍… ②梁… Ⅲ . ①管理学 Ⅳ .

① C93

中国版本图书馆 CIP 数据核字（2022）第 121730 号

策划编辑	何英娇　赵　霞	
责任编辑	杜凡如	
封面设计	夕　阳	
版式设计	锋尚设计	
责任校对	张晓莉	
责任印制	李晓霖	

出　　版	中国科学技术出版社	
发　　行	中国科学技术出版社有限公司	
地　　址	北京市海淀区中关村南大街 16 号	
邮　　编	100081	
发行电话	010–62173865	
传　　真	010–62173081	
网　　址	http://www.cspbooks.com.cn	

开　　本	880mm × 1230mm　1/32	
字　　数	91 千字	
印　　张	5.375	
版　　次	2022 年 7 月第 1 版	
印　　次	2024 年 7 月第 2 次印刷	
印　　刷	德富泰（唐山）印务有限公司	
书　　号	ISBN 978–7–5046–9578–9/C·206	
定　　价	58.00 元	

（凡购买本社图书，如有缺页、倒页、脱页者，本社销售中心负责调换）

给30个来自不同公司的工程师上为期一周的领导力课程时，我就注意到了一位听课者在课堂上非常沉默，依稀记得他的名字叫肖恩（Sean）。课间休息的时候，我问他觉得这门课程感觉如何。肖恩迟疑了一会儿说道，"珍妮弗（Jennifer），说实话，我觉得这门课程本身非常有趣，我也从中受益匪浅，只是我觉得我不可能真的成为我们公司的管理者。"

"为什么你那么肯定?"我问道。

"因为在我工作的环境里，那些管理者说话都特别大声而且走路如风，我并不是这样的人。"他回答。

我试图用那些司空见惯的话语安慰他，比如"别放弃!"或者"你有很多优点!"但我能看出肖恩并不买账，也并不信服我这番老套的打气和鼓励。

在之前我出版的几本书中，比如2018年的《内向者沟通圣经》（*The Introverted Leader*）、2013年的《安静的艺术：用内向者思维去影响世界》（*Quiet Influence:*

The Introvert's Guide to Making a Difference）以及2015年的《对立的天才：内向者与外向者如何优势互补》（*The Genius of Opposite: How Introverts and Extroverts Achieve Extraordinary Results Together*）中，我都提到了内向的人也能利用他们身上安静的能量和精神达到他们的目的，从而产生影响力。

在和肖恩说话的那一刹那，我突然意识到，对内向者的研究必须成为一场更加广泛的运动，也就是说企业要学会利用内向者的能量。

我们如何利用像肖恩这样的内向者内心所具有的潜力，让他们在人们传统定义的外向企业文化中发挥力量，得到支持？这是这本书试图回答的问题。

我相信，如果我们不考虑将内向者的能量和个性纳入企业的发展，那么我们就可能会失去成千上万颇具天分的人才以及他们给我们的业务发展带来的正向影响力。如果像肖恩这样内向的人总是被告知要改变自我，变成外向和好相处的人，那么最终他们还是会在工作中碰壁。他们会选择带着自己的想法、创意和独特的性格特点离开这家公司。如此一来，我们的工作环境会变成什么样？我们的企业文化会失去生命力，解决方案会变得单一而枯燥，最终会失去竞争优势。

为什么写这本书

　　我是一个外向的人，习惯从外部世界获取能量。这些我已经在之前出版的书里提到过，也经常在演讲的时候提到，但是仍然有一些人疑惑不解：为什么我要花15年的时间去追寻一个问题，即这个世界上内向的人，那些和我恰恰相反的人，他们的价值到底在哪里？

　　那么就让我来解释一下，是什么让我进入了充满魅力的内向者的角色当中。我的丈夫比尔（Bill），就属于特别典型的内向者（有时候还显得拒人千里之外），但他有一颗金子般的心，他正是我开始对内向的人充满好感的原因之一。他的"阴"和我的"阳"正好互补，虽然我们还是会时常因为内向和外向的性格差异而互相折磨。

　　首先，从我丈夫身上所学到的对内向者心理的理解，的确让我在工作和事业中更容易也更轻松地面对那些内向的客户，尤其是在企业咨询和训练中，更是给了我很多启发。于是，我不再尝试去改变内向客户们一开始所呈现的性格特质，而是帮助他们欣赏和放大他们所拥有的那种安静的超能力。最终他们的成功让我意识到，整个商界甚至所有人都非常需要去了解何谓内向。我希望人们能够像我一样去发现内向意识如何能够给多变的工作环境带来更多的可能性。

其次，我的家庭教育告诉我，应该追求自己喜欢的事业并利用自己的兴趣做出独特的成就。很幸运我找到了这样的工作。现在我想要帮助其他人，让他们不要在不快乐的工作中浪费时间。当我让越来越多的客户了解到他们自己所拥有的内向特质并尝试接受它们时，这些客户会变得更轻松，能获得更多的自我认同，并且更容易找到适合自己的职业发展方向和完全支撑自我认同的职场环境，这也是我认为我的独特成就之所在。

最后，使我成为一个内向人格支持者并创作这本书的原因，是我对同盟这个角色的理解。很幸运的是，如今我们看到更多的拥有话语权的人在为那些很难被听到、被看到的群体说话。正因为我和他们都来自外向的、主流的群体，我们更应该为那些内向的群体发声，让他们能够被看到、被听到。就好像男人曾经为女人的权益而发声，像我一样的外向者也应当腾出时间和空间给那些具有内向特质的同伴发声，让他们被听到，让他们逐渐成为真正意义上的领导者。

内向改革的新阶段

我相信当多元化、公平、包容的浪潮不断蔓延开来，内向改革也能自然而然地成为这场运动的一部分。

在这一内向改革的新一阶段,内向者们会激发出大量相关的风潮并创造出属于他们自己的繁盛文化,让每个人获益。

我见证了个体对内向性的认可并从中获取价值,但是现在我们需要做的是改变整个工作文化来接纳这种内向特质。还有许多工作需要我们去完成,以外向性为中心的工作环境需要大家更包容那些内向型的人才。人们需要一份指导手册来帮助他们组织并做出这种切实的系统性改革。

就像我在之前写的书里所说,我希望这本书能够有所突破并给传统的企业组织结构带来巨大的影响。我希望这能成为落到实处的、真正能够让大家行动起来的一次对话,让企业和组织机构意识到那些内向型员工所拥有的价值。以下是这本书主要的内容思路。

1. 我们如何赶上来?

当企业文化停滞不前的时候,公司相对处于竞争劣势。随着内向型的员工们开始发挥他们的力量,一个内向友好的文化氛围是这些内向型员工选择继续为其工作的重要因素。这本书着重强调的就是从系统改革和文化转变的角度鼓励企业管理者给予内向型员工更多认同。

2．谁是内向型认同的领导者？我们又能从中学到什么？

很多企业都在有意识地实施有规划的、全公司范围内的解决方案，如重新设计工作职位，提升工作专注度，按照指导手册让内向型员工发挥最大潜能。在这本书中，你会学习到更多、更好的策略技巧和实践指导以提高效率。

3．我们的内向型包容策略到底指什么？

虽然像远程办公或者带有私人空间的灵活开放式的办公环境这样的改变是积极的，但大多数的企业还是缺乏一种让内向型员工充分投入和发挥作用的凝聚力策略。由于没有全面重视这种情况，他们往往会失去40%~60%的团队成员，造成创造力和成长力的损失。这本书从企业需要重视的七个方面进行分析梳理，更全面地让企业支持他们的那些内向型员工。本书中还增加了一个测验，检验你在这些领域的哪个位置以及离最终的完善还需要走多远。

我的方法

我一直把自己当成是一名记者，做深入访谈，找寻事物背后的趋势与主题。在讲座、分享会上，或者在给企业和机构做顾问和培训的过程中，运用工作中的故事和案例以寻找最好的方法；在之前出版的书中我也引述了很多我采访过的同事和客户的话语，当然，我已经获得了他们的许可。

这一次我的方法也和之前相似，唯一不同之处就是这次我设计和进行了一项内向型友好企业的相关调查（附录中能看到相关资料），以搜集更多内向者在职场遇到的各种诉求以及挑战。调查的结果对目前我所指出的企业现状非常有帮助。我收到了超过240份关于《职场调查》的回复以及大量有帮助的评论，这些评论衍生了我书中采访和研究的主要问题。比如，内向的受访者们直言不讳地表示他们不喜欢传统的开放式办公空间。他们的评论直接引出问题所在，就此我与为内向型员工设计办公区域的设计公司进行了一次深度访谈。

这本书写给谁看

我写作这本书的目的是帮助企业开发其潜在的50%的生产力（比如内向型员工）。目标读者群是公司的人力资源部门以及多元化、注重公平和包容的专业的企业领导者们，公司首席运营官和培训助理等。就是希望《激活：释放内向者的才能和表现力》这本书能在会议、论坛、培训课程、高层领导会谈以及市政厅会议中发挥激励作用。

我相信这本书能够吸引公司环境设计者和所有层级的、想要充分发挥团队所有成员潜力的领导者们。实际上，任何想要在公司中为内向者们做出改变的人都会从本书中受益，本书提供了如何让企业对内向者更友好的实用和可操作的建议。不管你在企业里处于什么样的位置，我希望这本书都能够帮助你和周围的内向型员工展开对话以及你的公司开始朝着增加包容性的方向做出积极的改变。

这本书是由什么构成的

在对内向友好型职场做出大致说明之后，书中会有一个问卷帮助你大致了解你所在的企业包容内向型员工的程度。以此为基准，来强调你的企业在本书中七个主要方面所应注意的实施重点。

接着我从几个方面给企业管理者相应的解决方法，以此影响内向型员工。应当注意公司的工作文化的基本元素：我们如何被聘用、如何被领导、如何沟通交流等。在这些基础之上，你会学习到开放式办公室和高效工作环境设计。本书也会探索远程办公和灵活工作选择，所有这些都是从服务内向和外向型员工的需求的角度展开的。在多元化团队学习和发展的章节考虑了内向型学习方式，这是这个问题的最关键部分。

你已经迈出了第一步

听我演讲的观众和读我写的书的读者往往是我下一本书的话题的主角。这一次也不例外。一些人或者团队常常问我怎么才能让内向的人融入进来。这本书是一个答案和一个新的开始。谢谢你选择它。任何人都可以是创造内向友好型职场文化运动中的一分子。在拿起这本书的同时，你已经为争取一个更公平、更包容的工作环境迈出了第一步。

在你的团队中充分运用内向者的力量

　　1985年，我在美国中西部一所规模非常大的高校担任就业指导处的主任。每年春季很多工程学或者金融管理学的毕业生都会排上一整天的队去争取类似于国际商业机器公司（IBM）、美国通用电气公司（GE）以及那时排名前八的会计师事务所等大公司面试的机会，这些大公司每年都会来这里招聘新员工。应聘者们看起来都差不多，白人、男性，多半来自相同的地区，零星有一两个女性出现在队伍中。

　　有一次我印象特别深刻，一个长头发、穿着牛仔裤的公司招聘者出现在现场，介绍说他们公司在旧金山湾区，大家突然议论纷纷。我们的学生们在这样的面试者面前穿着IBM那种拘谨的蓝色西服，打着红色领带，显得格格不入。后来我们得知，那个招聘者所代表的公司以一种水果命名，是一家新的科技公司，叫苹果公司。

　　苹果公司面试者独特的风格让我们能一窥未来。在未来，职场中传统的条例规则，不仅仅是着装，各个方面都会发生翻天覆地的变化。蓝色牛仔裤和长头发的男职员形象只是职场自我表达的一种形式，更多形式的变革会紧随其后。

我们知道，如今为了表现得更为出色，大大小小的公司和团队都使其职员多元化以反映人们当下多样化的需求。幸运的是，很多公司和企业已经开始考虑扩展多元化这个词本身的含义，比如，加入这样的分类：生活方式、个人性格特征、视角、观点、家庭构成、教育经历或者职位。民意调查机构盖洛普（Gallup）研究表明，目前许多相关文献已经体现出对多样化的推崇：

包容的环境能够让雇员感受到自己独特的个性被赏识，于是更加自然舒适地分享他们的观点并展现自我。大量具有开创性的观点和更多的视角能够给公司和团队带来极大的创造力。

这强化了反映现实世界劳动力的多元化观点，领英（LinkedIn）公司创始人雷德·霍夫曼（Reid Hoffman）就提出公司应当警惕自身变成"单一文化"或者"同质化的回音壁"。他在自己的播客"大师的格局"中专门讲"偏见"时就提到，"单一文化的危害在于，它会不断自我强化一种叙述方式而逐渐偏离现实"。

　　幸好企业中关于多样性的道德讨论已经不成问题。但是，多样性中还有一些区域并没有被充分涉及。这方面的多样性属于神经系统的多样性，也就是人的性格气质，包括了内向和外向两个方面。神经系统的多样性主要指大脑工作和认知读取信息的不同方式。它说明人们自然而然对不同的事物有完全不同的看法。我们拥有不同的动机和兴趣，也就是说，天性使我们在某些方面更擅长而在某些方面有所欠缺。

什么是内向的人

　　心理学家卡尔·荣格（Carl Jung）是第一个重新定义内向性格特征的人，他把内向性看作是来自人内心的一种能量。如果我们把个人的能量看作电池，外向型的人在与人群打交道的过程中就相当于在充电，而内向型的人则是通过面对自身来获取电量。也就是说，内向的人通过安静的、独处的时间来获取生命力，所以社交反而对于他们来说是一种耗电的行为。你知道吗，据统计差不多有一半的人把自己定义为内向者。

以下是通常情况下，内向性格人的一些特征。

◎ 至少第一眼看来，似乎很孤立而内敛。

◎ 表情和表达情绪的方式很低调。

◎ 给人冷静和谦虚的感觉。

◎ 需要安静的空间进行反思。

◎ 偏好充分的筹备而不是临阵磨枪。

◎ 偏好文字写作而非语音交流。

◎ 投入的倾听者。

◎ 偏爱参与小规模群体或者一对一交流，而不是人多的大场合。

◎ 享受沉默和安静。

表1强调了内向与外向人的不同之处。

表1　外向者与内向者的一些普遍特征

内向的人	外向的人
能量来自独处	能量来自他人
有所保留	热情
三思而后行	直接表达观点
注重私人空间	非常开放
面部表情克制	表情外放
喜欢写作	喜欢说话

内向的人	外向的人
喜欢一对一对话的小团体	倾向于能够让他们参与其中并快速转换话题的大团队
谦虚	表现自己的能力和成就
需要时间准备	即兴发挥
冷静	兴奋

内向者-外向者光谱

让我们把内向性格看作一种贝塞尔曲线（bell curve），如图1所示，那些异常或者极端的人群在曲线的两端。

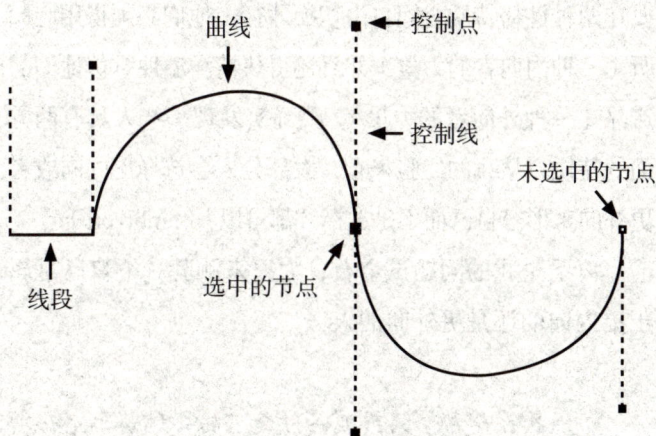

图1　贝塞尔曲线

在曲线的一端是朋友们、家人或者队友，我们把他们作为社交活跃者归为外向的一端，那么另外一端则是所谓的"隐士"了。

很多人会在内向者–外向者光谱的中间地带，可能稍微地偏向一端或者另一端，不论哪边都拥有完全不同的品质，有时候内向者会展现外向者的一些特性，有时候外向的人也会呈现内向之人的特征。

像那些双手灵巧的人（ambidextrous）一样，这个词通常用来形容一个人左右手都很会书写，"ambivert"这个词则用来形容有些人能够在内向与外向之间来回切换而毫不费力。最好的例子就是公司里的销售人员，他们需要在两种性格特质之间自由切换才行。他们必须得用心倾听（一种内向者的力量）并且还得热情洋溢地宣传他们的产品（一种外向者的力量）。我确实发现一些人具有两方面的特质，从我的经验来看，大部分人会选择更内向或者更外向来形容自己而不是选择"都可以"（ambivert）。

以下是我的问题试金石，大家来测验一下自己是属于更内向的还是更外向的人：

每一次在接触了人群或者社交之后，你是不是必须给自己一段安静的时间来自我充电？

如果你的回答是肯定的，那么你可能就是一位内向的人。如果你的回答是很长一段话，譬如，"我是需要休息，喜欢安静和慢下来"，但是对你来说休息是一种"有的话挺好，没有也行"而不是"必须"的，那么你更倾向于是外向的人。

羞怯和内向性格的差别

对于内向特质最大的误解和破坏性的谬见就是把内向等同于羞怯。其实这两者并不相同。羞怯的源头来自社会生活或者心理上的焦虑，是可以被改变的。根据美国心理协会（American Psychological Association）所说，羞怯指"虽然人们想要接触或者需要接触和互相交流，但无法顺利完成，从而在亲密关系中或者工作中产生的一种心理问题。"

当然羞怯和内向特质两者有时候会部分重叠，但是它们并不能等同起来。若把两者等同起来，就意味着羞怯中消极的一面也被用在了内向的人身上。和羞怯不同，内向特质并非一种心理问题、需要被治愈的症状。它仅仅是一些人天生就有的特质，并且它本身就是一种有利的优势，值得我们平等看待。

重塑内向者的力量

我经常主动让那些早期来听我课程的内向学员发掘内向者的力量。经过一番踟蹰，这些学员都会给出毫不逊色的答案，我们只需要耐心地等待。那感觉就像淋浴似的，他们一开始会想到"观察者、倾听者。"紧接着就洋洋洒洒说出很多词，"作家、幽默的人、反射器、冷静的、可塑性强的、深度沟通者"，等等。你可以看到，人们所列出来的这些内向者的特质和优点在不断增加，并逐步在这一过程中认识到其中所蕴含的能量。不可否认，这些描述词有着强大的影响力。

看看表1中内向者和外向者的对比，哪些特质是你的团队或者公司更为看重的呢？如果你觉得是右边一栏里所描述的，那么你就能明白我为什么会如此积极而执着地想要帮助企业和公司，让他们认可并减少对内向之人或者内向特质的偏见。如果我们只在乎右边一栏中那些看似耀眼的人物特征，那么我们有可能会失去一大批完全能够为公司做出更多贡献的人。

反对内向的偏见者们是些什么样的人

我记得是在2010年的时候，我的著作《内向者沟通圣经》（*The Introverted Leader*）的第一版刚刚出版发行，我就接到《华尔街日报》（*The Wall Street Journal*）一位相当有名望的金融记者的来电。她正准备写一篇与内向执行总裁们相关的文章，但是她发现在这过程中很难找到"相关的案例或者对象。"尽管她说，她觉得很多执行总裁看起来确实是很内向的，但是他们拒绝在公开场合把他们工作中的成就和挑战与他们的内向性格关联起来。

几年之后，我在一家财富百强的消费品公司的某部门洽谈关于"内向型领导能力和意识"的培训项目，当时项目洽谈即将接近尾声，准备开展相关问题讨论时，项目的执行发起人——一个看起来相当内向的人——提出把培训课程名称中的"内向型"去掉。他希望能用一个情绪不那么浓烈的词来称呼这样的性格特征。原因是什么呢？他说，"内向型"听起来非常消极。尽管他自己就是"内向型领导能力和意识"项目的执行者，他仍然对内向者充满了偏见，甚至都不想看到这个词本身！

如今，职场环境的方方面面都已经发生了明显的变化。比如"黑人的命也是命"（Black Lives Matter）、"我也是"（Me Too）以及性少数群体（LGBTQIA）等呼声已经进入美国各公司的大门。有些人认为这些变化不过是口头上的应付，另一些人则感受到一些企业为多元化、公平和包容等员工组织及发展项目提供资金和资助，这些项目在过去可是几乎不存在的。

但是，对于改进内向型友好的职场氛围，我们仍旧没有太多值得言说的筹备计划。单个的团队、部门内部的包容或者内向型友好固然是正确的方向，但是如果没有一个更加全面的策略，是无法带来系统性变革的。更何况，大部分企业甚至都考虑不到，或者根本不会强调这方面的问题。哪怕就算某些企业考虑到了，也只是在讨论阶段，而没有任何实质的改变发生。

内向型友好的隐藏优势

好消息是很多顶级的大公司，比如美国国家航空航天局（NASA）、博世集团（Robert Bosch GmbH）以及默克制药公司（Merck & Co. Inc.）已经有意识地开始挖掘"内向者的能量"，并出台了相应策略。这些策略包括重新设计工作类型，内向型高管们分享他们的内向领导之旅，创造适合独处的公共空间以及为内向者考虑的会议程序。把内向与外向作为公司多元化和包容的一部分，针对内向型与外向型进行的公开探讨和相关培训也越来越普遍。

尽管在这方面的尝试已经步入全球化，我们对这种尝试所带来的效果却知之甚少。所以我们非常有必要了解这样的创新所带来的优势，并将其展现在大众面前。我相信，只有这样我们才能帮助公司创造一个和他们的内向型员工相匹配的工作环境，让这些曾经被隐藏、被区别对待的内向员工们走到聚光灯下面。

我发现了一些隐藏的优势，让人们在公司或者企业中的任何层次都能够积极地推动这些变化，使内向的人能完全展现自我。在这本书里，你会读到那些受到鼓舞的内向员工如何切实地行动起来，对抗工作中出现的偏见。你会看到乔·斯约斯特洛姆（Joe Sjostrom）如何创建一套内向友好型空间计划，并由此促进了他团队成员的合作精神。你会了解到默克制药公司研究所的副总裁凯若琳·麦格雷格（Caroline Mcgregor）在了解了内向型特质之后所进行的改革措施。如今她积极鼓励其他人像她一样，去面对自身的内向能量。你还会看到相当有创意的内向型友好的工作环境，如何让职员创造他们自己的"员工手册"，以更好地与他们的队友彼此深入了解和交流。

但这些只是日常职场中反内向者歧视环境的零碎片段，大部分公司还是桎梏于传统文化之中的，偏好在房间中大声说话，把工作表现等同于"面对面"，在招聘和晋升中考虑的还是亲和力而不是工作的适应性。结果呢？大部分工作中的内向员工都会感到无法融入或者转而跳槽去一个能够接纳他们默默做贡献的公司。

公司为创建内向友好型职场需要强调的七个方面

在本书中，我们梳理了七个公司需要重视的功能，以创建内向包容的公司文化与实操环境，这七点是内向者最脆弱的部分，也正是这七点让公司无意识地限制了内向员工本应做出的更全面的贡献。

1. 激发内向的人才

肤浅的第一印象以及对性格特质的偏见，比如更喜欢外向的人，这些往往在招聘和做出重大抉择的时候扮演着重要作用。

2. 引导内向者

领导者应该时不时多谈及和讨论内向特质，包括发现和反思自己是不是无意识地对他们较为安静的团队成员或者职员抱有偏见。

3. 与内向者沟通

给予自己的团队时间和空间，多交流，内向者会比你想象的更愿意参与到对话中。

4. 设计工作环境配套设施

办公室设计和计划必须让专注于自己工作的内向者

们能顺利地合作以及社交。

5．让远程办公成为可能

远程办公让员工拥有高度自主权以及充分自由支配的私人时间，这些也正好能让内向的人工作更投入。

6．建立团队

团队成员应当多元化，让所有人都能全情投入，而不是只有那个声音最大的人。

7．加强学习和发展

尝试在培训中做一些针对性设计，比如让内向者充分表达偏好，给予他们可以自我反思和冥想的休息时间，让他们的效率达到最大，这点适合所有的工作团队。

作为一个追踪和捍卫内向者长达15年的作者，我相信，现在是时候创建一个内向友好型的职场了，只有这样才能让所有人都充分发挥自己的天赋和表现力，而上面的七个方面正是需要完善的部分。

我希望对你而言，不管你所在的公司处在哪个阶段，这本书中的想法和措施都能让你激发改变的火苗。

每个人都能成为改变的节点

不管你是内向的还是外向的人，是高级主管还是事业刚刚起步的职场新人，你都可以成为这个改变中的一环。这本书会为你讲述许多内向者被忽视的案例，令你在工作中能意识到这个问题。你还能学习到给予内向者些许包容，为公司创建更强有力的基石。下面这五点能让你创建一个内向友好型职场，在结尾处我们会进一步细分这些内容。

1. 为沉默的人发声

在会议、培训期间以及所有需要交流的场合，让大家注意到内向者的存在。

2. 有意识地强调内向者的需求

细致地从上文的七个方面确保内向者的需求得到了满足。

3. 在你的研究中加入内向者

就创建一个包容的职场环境，询问他们的意见。

4. 鼓励团队重视内向特质

推动团队成员讨论个人工作偏好的议题。

5. 让主管也参与到讨论当中

确保对内向职员的包容成为公司优先考虑的事项。

如果你和我一样，确信内向特质具有价值且值得被发掘，你就能成为这场变革的催化剂，让你公司中的内向员工感到宾至如归。现在，就让这本书成为你的行动指南。

| 目 录 |

第**4**章　**与内向者交流 / 43**

第 **1** 章

内向友好型职场小测验

为了更好地创建一个内向友好型职场，你首先要明白你的公司目前处于哪种情况。根据表1-1测试一下，你大致就能了解你所在的公司在创建内向友好型职场所处的阶段了。根据你的回答对照表1-2，你就能更为明晰在支持内向者的道路上，你们公司可以从哪些地方入手进行改善。

可能你并不能做到全面了解整个公司的方方面面，但是根据目前的答案和得分项来看，你观察到了什么？内向型职员在公司中的各个场合，例如团队工作、开会等，面临着哪些挑战？

在你阅读这本书的过程中，尝试找出那些可以改善的方面，勾画出来。与此同时，考虑将这个小测验作为你们团队或者你和你的上级们探讨话题的开端。改变总是从人开始，而这个人很有可能就是你。

表 1-1　内向友好型职场小测验

问题得分从4到0（从完全同意到极力反对），得分结果会被划分成5种级别（见表1-3） 4=完全同意　3=同意　2=不同意　1=反对　0=极力反对
1　招聘时，我们优先考虑职位角色和个性，而不是通常情况下普遍追求的外向、会社交等个性特征 4□　　3□　　2□　　1□　　0□

续表

2　我们有非常包容的面试程序，能够让内向的面试者有充
分的时间和空间更好地展现自己

4 □　　3 □　　2 □　　1 □　　0 □

3　我们的领导者尊重团队里的内向职员

4 □　　3 □　　2 □　　1 □　　0 □

4　内向的领导者愿意分享他们的经验并激励其他员工找到
属于自己的安静能量

4 □　　3 □　　2 □　　1 □　　0 □

5　我们给予内向者充分的时间做准备

4 □　　3 □　　2 □　　1 □　　0 □

6　我们会讨论什么是内向特质以及会让内向者发挥他们最
好的一面

4 □　　3 □　　2 □　　1 □　　0 □

7　我们有关于何时以及如何在办公室交流的准则

4 □　　3 □　　2 □　　1 □　　0 □

8　我们有相关的员工论坛，能让内向的员工感到被包容以
及被倾听

4 □　　3 □　　2 □　　1 □　　0 □

9　我们会运用不同的沟通方式以适应不同类型员工的沟通
偏好

4 □　　3 □　　2 □　　1 □　　0 □

10 我们的工作场所有空间供大家自由交流

4 □　　3 □　　2 □　　1 □　　0 □

11 我们会为员工提供安静的办公区域，让他们有自己的隐私且能专心工作

4 □　　3 □　　2 □　　1 □　　0 □

12 我们有舒适的感官环境，有自然的光线和噪声管理机制

4 □　　3 □　　2 □　　1 □　　0 □

13 我们有关于远程办公的员工及时和线下工作场所对接的详细准则

4 □　　3 □　　2 □　　1 □　　0 □

14 我们可以在远程工作、面对面以及视频会议之间取得平衡

4 □　　3 □　　2 □　　1 □　　0 □

15 我们积极动员内向员工融入我们的会议中

4 □　　3 □　　2 □　　1 □　　0 □

16 我们会在开会之前提出议程以及要解决的问题

4 □　　3 □　　2 □　　1 □　　0 □

17 我们鼓励团队成员分享他们在工作和合作中的偏好

4 □　　3 □　　2 □　　1 □　　0 □

18 我们允许团队有让内向员工感到舒适的社交机会

4 □　　3 □　　2 □　　1 □　　0 □

19 我们会考虑到内向员工喜欢的学习方式，并将其融入我们的学习和发展方法中

4 □　　3 □　　2 □　　1 □　　0 □

20 我们提供多样的线上以及数字培训方法，能让内向者以他们觉得自在的节奏学习

4 □　　3 □　　2 □　　1 □　　0 □

表1-2　内向友好型职场小测验得分情况表

计算你在表1-1中的得分并对应下面的分值区间。

49分或以下	需要提升的空间	你的职场很少为内向员工考虑。你有很多方面需要改进以创造内向友好型工作环境。在接下来的章节中选择公司最需要的组织领域，挑选其中前五个需要考虑的方面，让你的公司开始新的转变
50~59分	改善你的工作环境	你的职场已经为内向员工做了一定的考虑，但还有一些地方需要改进才能真正成为内向友好型环境。在你的公司做一个关于内向员工的调查并征询对方意见。讨论在你的团队中哪些对内向者适用，哪些则不行，并依据结果实践之
60~69分	稳固	你的职场环境已经在迈向一个所有人都能够发挥和展现自己能力的环境。重点看第2章到第8章，找出你目前"最需要的"领域，选择一些新的技巧和策略，并依照案例执行之
70~80分	非常好	你的公司已经做到了包容内向员工并且让他们宾至如归。用数据来说明你正在实践的策略是如何在人才和绩效方面产生效果的，你是如何将你的最佳实践分享给公司其他部门和你所在行业的，以便让其他人受益

第 **2** 章

培养优秀的内向人才

公司根本没有意识到他们有内向的员工。他们宁可希望这些员工可以表现得更外向一些，而不是去适应员工的内向性格。我不知道从哪里开始着手解决和管理这些问题。

——2019年职场调查受访者

在这个偏爱外向性格的世界，会哭的孩子才有糖吃，但你知道吗，实际上全球有超过一半以上的人属于内向性格。这也就意味着，全球50%以上的劳动力并没有真正意义上充分发挥他们的潜力。有些人甚至在面试的环节就已经被淘汰，虽然有可能他们完全能够胜任他们所应聘的工作。目前的状况是，如果一个内向的人在面试的时候没有表现得大方热情和积极，那么很有可能他就无法进入下一关。而且如果他们没有充满信心地分享他们的成就，他们很有可能被直接忽略而错失新的发展机会。痛失这类人才对公司造成的损失是惊人的。

不过好消息是，像畅销书《安静》（*Quiet*）的作者苏珊·凯恩（Susan Cain）以及索菲亚·德布林（Sophia Dembling）、贝丝·比洛（Beth Buelow）、莫拉·亚伦斯·梅勒（Morra Aarons-Mele）、瓦尔·纳尔森（Val Nelson）、马修·波拉德（Matthew Pollard）和我自己，我们都在极力推动这项事业，让全世界看到内向者的优势，并让他们回到闪耀的聚光灯下。在《2019年职场调查报告》中，38%的回访者称他们的公司表现出愿意雇佣和提拔内向的员工。

当然，为了提高这个比例还有许多工作要完成。

　　员工招聘的多元化只是一个起点。公司必须创建一个能让所有性格特质的员工都能宾至如归的环境才行。当内向员工看到通过各种不同渠道都能获取机会通向成功的时候，他们才会心甘情愿地留在公司并做好自己的工作。

培养对内向者友好的人才策略

　　苏珊·施密特（Susan Schmitt）是应用材料公司（Applied Materials）的集团副总裁以及人力资源部主管。她也曾经在罗克韦尔自动化（Rockwell Automation）公司担任高级人力资源副总裁，根据她之前的经验来看，在整套人才策略方案之外单独来谈多样化和包容政策，实际上意义并不大。

　　苏珊告诉我，"根据我的经验，很多男性管理者并不会把他们自己纳入多元化和包容性这套叙述体系之内考虑问题，"相反，他们会认为多元化和包容性是他们没有时间去做的"另一件事"，而不是寻找和留住优秀人才的整体战略中最关键的组成部分。既然每一个管理者都喜欢自己的团队有最佳表现，那么把这些多样性、包容性和绩效之间的点链接起来的话，他们会逐步开始倾听的。

为了让员工能够了解如何把握自己的职业和发展重点，苏珊和她的团队在罗克韦尔自动化公司时期就创建了一个适应性模型（Suitability Model）。这是一种根据角色需求评估能力的直观方法。该方法从本质上看就比他们使用的传统能力模型更有用处，毕竟传统的方式时常让员工和人事经理感到困惑，比如在评估员工的角色和新机会时，到底什么才是真正重要的东西。

罗克韦尔自动适应性模型主要由以下四个部分构成。

1. 技能、知识、经验和学历

2. 处理复杂事物的能力

3. 性格（天性）

4. 对角色需求的接受力

第三部分所说的性格，可以说是整个模型中最关键的部分。它意味着要作出明智的管理决定，并不会看这个人是否讨人喜欢，而是要考虑每个人的性格特质是不是和其具体担任的角色相匹配，而不是背道而驰。

"性格特质中最关键的问题是，这个人的气质、天性或者行为中是否有任何因素会损害他们在这个角色或者未来的工作中所扮演的角色？"苏珊解释道，"比如，他们是不是过于激进或者作为一个工程师团队的经理缺乏足够的果断？他们属于独立的贡献者还是一个能够将团队团结起来的人？归根结底，在某个特定角色中，他们的性格是如何对他们产生有利或者不利的影响的？"

苏珊举了一个例子，当时他们招聘了一位在面试的时候看起来有些无精打采、面试过程很不理想的员工，"回答问题的时候，她好像总是慢半拍，要想很久且似乎总是在沉思，这让当时的面试官觉得她或许不太适合他们所招聘岗位的需求。但是她的技术、知识、经验以及学历都非常突出，她对复杂问题的处理能力和概念掌握能力都相当出众，"苏珊告诉我，"最终团队雇用了她。"

"这次招聘简直就是一个成功的范例，之后那位应聘者顺利当上了公司副总裁。要是我们因为她在第一次面试中慢半拍的性格表现而错过她，想象一下公司可能的损失。"苏珊说。

人们拥有各种不同的性格，且非常适合各自需要完成的工作。

——网飞（Netflix）前首席人才官
帕蒂·麦考德（Patty McCord）

确保内向的职员们在你的团队中被包容和接纳，确信内向特质是你人才管理战略中多样性的关键一环。内向的面试者虽然不是面试中那个你容易接近甚至想一块儿喝上一杯的求职者，但也不能因不易接近而让其丧失自己的机会。毕竟，不是所有的职位都要求员工擅长各种形式的公关社交，不是吗？更何况，如果团队里的员工感受到了在应聘和升职中，公司对内向者的包容，那么他们会在此基础上构建更加内向友好的公司文化环境。

前网飞首席人才官帕蒂·麦考德在她的书《网飞文化手册》（*Powerful: Building a Culture of Freedom and Responsibility*）中提到，当时她雇用了一位叫安东尼的程序员，他非常安静。一开始，她很好奇安东尼会在他们这种鼓励大家积极发言的辩论式文化中如何表现，帕蒂形容安东尼通常并不是会议中第一个发言的人。尽管他总是迟迟不动声色，但每当他要表达观点时，往往会语出惊人，带来非常好的想法。最终，就像之前苏珊·施密特提供的案例一样，安东尼也成功升职为副总裁。

帕蒂写道："团队能够适应人们各种不同的性格。文化契合是双向的。"我完全赞同。随着内向者继续在团队中扮演关键的领导角色，越来越多的人会发现，通过大喊大叫让别人听到你的观点并不是唯一的，也不是最有效的领导方式。通过招聘更多内向员工并且让整个工作团队实现类型多元化，我们总有一天会达到某个临界点，那时候内向员工们能够真正被赏识、尊重，他们明智又低调的意见被大家充分聆听和运用起来。

吸引伟大的内向人才

请询问我是否愿意加入一个团队、一个项目或者一场对话，而不是假设我自告奋勇来说。

——《2019年职场调查报告》受访者

以下是一些有用的实操方法，能确保我们万无一失且在做聘用决定时全方位考虑到了内向者。

让他们看看在那里工作是什么样子

这些潜在的新员工如何看待你的公司呢？千禧一代和"Z世代"①专家瑞安·詹金斯（Ryan Jenkins）认为，公司应当通过类似视频网站比如油管等线上频道，让人

---

① 指1995—2009年出生的一代人。——编者注

们有窗口能了解到在你公司工作是一种什么样的体验。内向的人以及那些喜欢做研究和自省的人能通过你的社交网络平台感受到他们和你的品牌文化是否合拍。在这种情况下，没有消息并不是好消息。如果你是一个试图吸引年轻人才的雇主，那么信息真空对你而言就是个打击。实际上，瑞安认为你可能永远都见不到那些潜在的员工，他们由于你极少出现在网络上而早已淘汰了你。

创建一个内向友好型招聘流程

以下这些招聘技巧能帮助你做好招聘准备，确保你为内向应聘者保留了充分施展的舞台。

1．准备好房间

避免耀眼的灯光和嘈杂的环境。在你和应聘者之间放一张桌子确保你们之间有一些区隔，对重视个人空间的内向者来说，坐得太近容易让人反感。尝试坐在斜对角的位置，适当制造出一些亲密感。如果是小组面试的情况，让应聘者坐在桌子的中间而不是两端，这样能让他们觉得没有那么受关注但又能和所有人进行眼神交流。

2．安排足够的时间

如果你在两场面试之间安排的时间过于紧迫，很有可能感觉有压力，而且如果对方回答速度不够快，也很有可能产生不耐烦的情绪。内向的应聘者往往喜欢在回答问题之间稍做停顿，他们可能并不会争夺谈话空间。面试前后空余的时间也能让你做些笔记，回顾对方留下的印象以及草草记下问题。

3. 关注能量值

一个招聘主管曾说，她发觉很多内向的应聘者"在一天结束的时候和早上判若两人，他们连休息的机会都没有，紧锣密鼓地进行连续的面试。"因此，为了避免给应聘者施加过度的压力，应计划好当天的面试进度，只让最相关的人到场，避免其接触太多和他们的工作无关紧要的人。还可以考虑把紧凑的面试安排分成两天进行。

4. 检查自己是否有偏见

如果你是个外向的人，那么就要警惕自己是否在面试过程中流露出了自己的偏见，比如，希望对方说话快速一点或者更热情一些。如果你是个内向的人，你可能会习惯于慢速的、停顿式的、低调谦逊的应聘者姿态。但是你仍然需要检查自己是否有认知偏差，所谓的偏差，也就是在对方的回答中倾向性地找到符合你自己公司情况的答案和观点，而自动屏蔽其他重要的答案。和一个与你风格相似的人在一起工作很舒适，但你也要通过对每个人敞开心扉来补充你的候选人库。

5．采用意义复述

复述一遍你所听到的答案内容，能让应聘者有机会去修正和确认他们所表达的意思是否准确，并且能给内向的人提供一个他们需要的停顿，这样他们就能以反思的方式处理正在说的话。内向和外向的人都会感激面试官能给他们这种理清思路和完整表达的机会。

用新的AI招聘工具（需谨慎使用）

一种崭新的应聘方式逐渐被大家所关注——人工智能筛选解决方案。它能够降低招聘成本，促进多元化。有一些更为先进的方式声称能够根据注意力广度、细节把控力、适应性和完整性等定性指标，在简历池中识别出合适的候选人。

面试过程也能让人工智能介入。数字面试能记录面试者的语言和非语言痕迹，并根据职位标准进行分析。像联合利华（Unilever）这样的公司已经在面试中采用了全套人工智能设备，除了其他积极的招聘结果，它们还能统计应聘者的数量，增加人才库的建设以及检测申请人增长的多样性。但这对于内向者来说，也可能是很大的潜在缺陷，这也是要必须考虑到的。

人工智能很棒地给予公司更全面的筛选网络并且能

够识别内向者的气质，比如，之前那些很有可能在初筛过程中就被忽视的人。但是很多专家还是提醒我们不要一味地运用人工智能来识别人才，而是应该循序渐进。毕竟人工智能要做到完全公平和不带一丝一毫的偏见，还需要走很长的路。比如，以性别平等及多元化为例，很多人工智能算法由男性开发出来，程序中往往就包含了对女性应聘者的歧视。不难想象，被这样开发出来的人工智能筛选工具也可能对内向的求职者和来自其他不同群体的求职者产生无意识的偏见。

非裔美国计算机科学家乔伊·布兰威尼（Joy Buolamwini）在梅琳达·盖茨（Melinda Gates）的书《女性的时刻：如何赋权女性，改变世界》（*The Moment of Lift: How Empowering Women Changes the World*）中提到，"带有偏见的算法大规模传播偏见"，布兰威尼发现在一些人脸识别的软件里有种族偏见的倾向，这些软件已经从佐治亚理工大学（Georgia Tech）传播到了中国香港地区。她和许多其他人一样，需要确认这些算法在被定性为具有包容性之前，确实做到了把不同背景、不同领域的人都囊括了进来。

总结

我们处在一个为外向者摇旗呐喊的世界。结果就是很多公司常常错失有潜力的内向特质的面试者，这些面试的人可能并不能"和你下班后喝一杯"，而且就算他们被聘用，也因为没有表现出典型的（即外向的）领导品质而被大家忽视。这对于企业和不同性格的员工来说，都是满盘皆输的命题。但如果我们把这个问题拿到台面上来说，并嵌入我们的人才管理战略，那么海量有才能却内向的员工就能被重视、被赏识，并彰显隐藏的独特才华。这一切都需要我们从检测性格偏见入手，并意识到这个世界并非只需要一种性格特征。

当然，在你用人得当之后，下一个挑战就是创造一个工作场所，让内向员工在其中成长并把工作做到最好。要探索更多关于内向人才的管理和维护策略，那么接下来的阅读会指导大家如何领导、沟通和设计工作空间、提供工作选择、培养团队文化以及构建培训机制，以支持这些内向者们。

> 底线：抓住内向的人才，不要考虑只招聘（和提拔）某一种性格的人。

挖掘内向者才能的五个排在前列的考虑因素。

1. 要将个人气质的考量纳入你的人才管理战略中，成为多元化的一个面向。

2. 在招聘时，优先考虑角色和个性，而不是只看重传统的、偏外向的个性特征。

3. 在网上建造一个强大的公司组织形象，向内向的求职者们突出你们包容的文化环境。

4. 谨慎但积极利用人工智能作为搜索以及面试的工具，获取更宽泛、更多元的潜在求职者。

5. 构建一个包容的面试流程，让内向的求职者有充分的时间和空间进行符合他们节奏的完美表达。

第 **3** 章
内向的领导者

我希望我们的执行董事长能抽点时间和我谈一谈。对他
来说，似乎最重要的是公司里谁喊得最大声。我不是那样
的人，所以感觉非常受排挤。我很安静，做事方式不一样。

——《2019年职场调查报告》受访者

当时我正在准备一个关于"内向领导者领导力"的项目，采访的对象是财富百强制药公司的研究型科学家，突然之间一个新词引起了我的注意。

"他说的是'大声领导（loudership）'？"我询问旁边一位经验丰富的经理。

"是，他说的是这个词。接着他跟我谈起'大声领导'是整个公司的暗语，意思是一个强势的领导应该是这样的：你必须大声说话，雷厉风行，让别人觉得你仅仅用声音就可以征服别人。"他说。

我深吸一口气，意识到摆在我面前的挑战何等巨大，我怎么才能传达出一个安静领导者的价值，一个不需要用放大声音来表达观点的模式，让整个公司文化公开宣传的是一种截然相反的领导气质？

好消息是整个项目进行得相当顺利，邀请我演讲的特定群体里就包括了一些内向的领导者和内向气质的拥护者，他们想要以此来改变公司文化。他们一直在做相关的准备工作，并邀请我到公司里来再次证明安静和冷静的价值。他们希望就内向气质做更深入的对话和交流，并在如今充满竞争力的工作环境中找到属于内向者的一席之地。

在这一章中，我们将做更深入的分析，比如，领导者必须具有包容性以及他们如何能让内向的员工发挥出最好的一面。首先，让我们好好谈一谈内向气质。

打开一个关于内向特质的话题

很多内向者一辈子都觉得内向是一种负面的评价。很多时候，他们被定义为"羞涩"。这是一种根深蒂固的观念。前段时间我在孙女的学前班无意间听到老师和一个小男孩的父亲在交流，这个男孩很明显属于听从指导的类型，但是在集体中显得并不是很活跃。"等他去学校上课，可能会出现一些问题。"老师告诉那位父亲。说实话，我认为这位老师的评论就是非常典型的缺乏对内向小孩如何成长（例如，在小群体中）的认知，他可能会向孩子及其父亲传递出持久的负面信息。

播客主持人兼作家莫拉·亚伦斯·梅勒一直都认为内向是一种负面性格，以至于她从不承认自己本来就是一个内向的人。莫拉是一个非常成功的创业者，她创办了《女性在线》（*Women Online*），也是《躲在厕所：一位内向者走出去的地图（当你宁可待在家）》[*Hiding in the Bathroom:An Introvert's Roadmap to Getting Out There（When you'd Rather Stay Home*）] 的作者。

"我当时想，'我应该开朗起来，当个外向的人'。

我想成功，想成为一个声名显赫的人。不久前我才发觉我自己其实是一个极端内向的人。实际上我想把自己隐藏起来，一天里必须保持两小时以上的独处时间。我把自己称为'隐士创业者'。"

很多时候，我们领导者都会把工作重点放在手边的事物上，我们谈论着任务、大项目、最后期限、角色和职责等，几乎很少谈论人们的性格特质对工作的影响，但是这才是工作完成最核心的部分。作为一个领导者，你可以在团队里打开关于内向气质的话题，聊聊内向的价值，不论你自己是一个内向的、外向的还是中间性格特质的人，都能让你团队中的内向员工感到舒适，并发挥安静的力量。

以下是开启相关话题的一些指导性的建议。

（1）组织一次团队建设会议，让每个参与者都使用自我评估工具，比如盖洛普的"优势识别器"（StrengthsFinder）或者"迈尔斯–布里格斯类型指标"（Myers–Briggs Type Indicator，MBTI）。在人们分享他们的偏好之后，你可以突出整个团队的主题框架，从中寻找你可以引入其他观点或者建立某种风格的地方。你也可以引入一个简单的破冰游戏，比如玩"两个真相和一个谎言"的游戏，让每个人写下他们的答案，由大家来猜测谁在说谎。利用这段时间让大家展示自我，鼓励团队成员多分享他们自己的个人信息，包括他们喜欢以什么方式沟通，喜欢如何展现自己的实力以及他们各自擅长什么。邀请你的人力资源部门、组织发展部门或者多元化团队成员都来参加会议，以促进整体发展。

（2）建立一系列关于内向领导能力的培训课程和讨论，展示内向者如何利用他们的优势来领导。并强调内向者与外向者是如何从对方身上得到最好的部分，也就是我所谓的"对立的天才（Genius of Opposites）"。了解如何进行这些讨论，其中也有你可以使用的示例问题。

（3）在与你的团队成员进行一对一沟通的过程中，你可以透露自己的沟通风格偏好并举例说明。用讲故事和倾听的方式——这方面本章后面会有更多的介绍，关注内向性格的优点，这能帮助内向者在自己的职业角色中取得成功。

（4）从内向与外向性格的角度来分析你的团队的总体结构是否平衡，如何能更好地提升团队构成的多元化，毕竟更高水平的创新、创造力和绩效都将由此产生。

我们对内向友好型职场的研究表明，很多公司实

际上并没有对内向特质达到基本程度的认可。另外，《2019年职场研究报告》显示，大约50%的受访者并没有觉得"公司推出项目或者做出决策时，会向内向者咨询"，而且即便一些受访者认为公司咨询了内向员工，但这116人当中也只有15人认为内向员工的回答起到了作用。这些公司决策甚至包括一些较大的调整，例如公司地址搬迁或者公司重组。

不过改变的希望仍在。下面的这封邮件只是我过去10年里收到的不计其数的邮件中的一封，这些邮件都来自那些不再把自己的内向性格看作需要克服的弱点，而是欣然接受的人们。卡尔，一位化学工程师写道：

我这辈子都是一个内向的人，很多时候都觉得我不得不去适应那个外向的商业世界。如今我得以有这样的环境为自己创建一种内向气质的领导风格，对此我深表感激。

接下来，你将读到在企业中，内向的领导者正积极地将关于内向气质的话题融入他们的谈话中，并取得了良好的效果。他们会形容自己是内向的，或者提到对内向者有帮助的方法。当事情向外向方向倾斜时，他们会注意自己内向的偏好，并利用自己的权力创造更为包容的工作场所，以此让内向员工有把自己的工作做到最好的动力。

分享的故事

谈论"我们是谁，我们的喜好和憎恶是什么"，能够加深我们之间的联系和相互理解，从而能够更有效地共事。研究表明，表达"你是谁"最好的方式就是讲故事——故事被记住的次数是讲述事实的22倍。通过讲述故事的方式，领导者的形象会更加人性化，可增加员工和领导者之间的亲密度和信任感。在公司的组织环境中，它能促进公司职员协同工作，从而完成共同的任务和目标。

在我们2019年的职场调研中，大约有50%的受访者说，"有一些领导者会公开地谈论他们的内向特质。"凯若琳·麦格雷格就是其中一位领导者，她每次都会分享她自己的故事。

我遇见凯若琳时，她是默克制药公司研究所的副总裁，当时我正被邀请在她为公司的化学研究人员赞助的尖端研讨会上做一个演讲。内向特质是她在评价她自己的时候使用频率最高的词。

"这就是我，正是这种特质让我感到自己如此与众不同。"她告诉我，"内向特质影响了我的领导能力和自我意识，利用内向特质带来的优势，让我成为更好的领导者。"

凯若琳把自己的故事分享给公司的人力资源以及其他各部门，这样她就可以成为坚强但脆弱的内向型高层领导者的榜样。在一个文化氛围强硬严苛的公司中，她表现出了强大的勇气和真实做自己的决心。通过这种方式，令其他员工受到鼓舞，从而发挥更多的潜能。

一个非常文静的年轻科学家曾告诉我，他听过凯若琳的故事之后非常感动，受到了很大的启发。尤其在A型职场文化氛围里（type-A），像凯若琳这样的领导者愿意分享她自己的内向特质带来的挣扎与成功，的确让其他人意识到这样的性格特质也能获得极高的成就。

拥抱内向性格的领导者可以成为内向员工伟大的代言人，也能为内向员工创造一个更具包容性的工作环境。当然，你不必为了分享你的经验或和你的内向员工沟通，而强行让自己成为一个内向的人。当我谈及我内向的人生伴侣比尔以及日常生活中我们面临的各种沟通挑战时，我能看到台下（不管是内向还是外向）的观众频频点头，露出感同身受的神情。就算你不是一位内向性格的人，你也有可能会在某时某刻有内向的倾向，比如，更喜欢用邮件而不是电话沟通。和你的团队以及内向员工聊聊这些话题和偏好，有助于你们达成共识，并在今后的合作中互相受益。

慢下来仔细倾听

我有一件T恤，上面印的是我们为外向者举办的标语比赛的获奖标语：

当我打断对话的时候，请先不要说话。

实际情况是像我这样的外向者经常注意不到内向的人在停顿的时候，并没有结束他们的想法和表达。听两个外向者聊天就会发现，他们在交流过程中自然而然地打断对方是常态。但是对内向的人来说，就不一样了，打断他们的思路和情感表达会影响他们的思考进程，从而令他们交流的欲望戛然而止，最终只能变成单方面的输出。

外向者要学会适当的停顿，给其他人一些空间去思考和回应，虽然这对他们自己来说也是挑战，毕竟他们经常在表达过程中被自己的高声言语和激情澎湃笼罩。

但仔细想想：据我的同事，演讲教练帕特里夏·弗里普（Patricia Fripp）所言，"一个停顿并非完全是一段空白。有技巧地运用，停顿能够帮助你和你的观众形成更理智也更深的情感纽带。"

以下是一些可实操的建议，领导层能适当地利用停顿和创建"安全空间"，让内向员工感到舒适并敞开心扉：

（1）打电话时善于用静音键，这对你倾听对方的停顿很有帮助。

（2）通过复述对方表达的意思成为一个主动的聆听者，善于提出开放性问题。

（3）如果对方表现出非常含蓄或者安静的状态，别问"你怎么了"，因为大部分时候并没有发生什么事，他们只是陷入了思考中而已。你的问题会让对方觉得被误解。

（4）在一个线上或者视频会议中，等三五个成员发言之后你再表达你的观点也不迟。

法里兹的话让我印象特别深刻，他是一位技术销售人员，他说给予内向者更多的空间和时间参与到对话中，对他而言是一个特别大的进步：

"我通常是我们每周全球电话会议上第一个发言的

人。当我意识到在线的内向者几乎都没分享他们的看法时，我决定做出改变，会议开始后先等至少五个其他员工发表他们的看法之后，我再说话。这很困难，我必须强迫自己'袖手旁观'，等待一下。但是接下来我听到的内容证明我的等待完全值得。"

"我们听到了一些崭新的声音和想法，这也迫使我认真去思考自己做出的贡献，而不是一开始就即兴发挥。我发现通过倾听我能学到很多。所以我决定长期实践这样的开会方式！"

说到会议或者线上交流，《2019年职场研究报告》反馈显示，超过90%的受访者认为小型会议是最有效率的交流方式。这很有道理——人越少，出现杂音或者被打断的概率也就越低，也就能腾出更多的停顿时间，让内向者进一步表达他们的想法。最近微软（Microsoft）公司的一项研究还发现，预测中层管理者能否成功的最有力的因素之一，就是看他们和下属进行一对一交流对话的频率如何。这和传统的大型会议相反，我周围的很多客户都跟我抱怨传统的大型会议让人反感。

以小型会议或者一对一会议为主，比较流行的交流技巧还有什么呢？我曾在其他撰写的书里提到过，我称之为"行走的会议"。"身体活动不仅可以增强能量，

促进思想的交流，对于内向者和外向者而言，肩并肩走路是一种不具威胁性、非常平等的交流方式。"实际上，不论是内向还是外向的专业人士，都认为这种方式相当高效且令人满意。更多关于促进内向者协作的包容性会议信息，可以参见第7章"搭建团队"。

做内向者的捍卫者

当《内向者沟通圣经》一书首次出版时，我受邀在巴拉圭亚松森的一所大学的毕业典礼上演讲。当我们在电话中计划会议安排时，精明的心理学家兼项目负责人里查德·鲁伊斯（Richard Ruiz）解释说，他的国家正从多年的政治压迫中崛起，大多数人在这一经历中逐渐变得内向起来。

里查德致力于将有关内向的知识带给巴拉圭的学生和社区成员，让他们从中了解更多东西，比如，如何自信地进入内向领导者的角色并从中受益等，这也是我参与其中的原因。他带来了新的想法，并证实内向本就是一种积极的品质。我俩就此与社区和商业领袖们进行了一系列精彩的对话，组织了演讲和会议。

里查德在为内向者持续发声，成为内向者的代理人，还创立了相当成功的领导力培训公司，并强调理解不同形式的领导和交流方式的重要性。

作为一个大银行集团的领导者，斯蒂芬妮·罗默（Stephanie Roemer）也生性内向。很多时候她对公司里一些内向的财务经理的感受相当敏感，"他们常常是'不被听到'的那部分，他们有时候甚至不知道如何在职业生涯中继续坚定前行"。

"外向特质和技能总是被赏识，这就是我们所生活的世界。"罗默说，"有时候你很难凭一己之力调转一个公司的文化风向，当该公司更看中外向特质的人时，如果你想要出人头地，你就需要各种工具和技巧来帮助自己在公司中站稳脚跟。"

罗默开始帮助这些财务经理——以及整个组织的各部门经理——理解内向者给组织带来的价值。比如，她让员工进行性格评估，为内向者开设小组讨论和领导力课程，举办"对立的天才"研讨会，要求每位内向者邀请一位外向的同事结伴，从而更有效地展开合作。

遗憾的是，像里查德和斯蒂芬妮这样的内向者捍卫者是领导者谱系中少有的。从我们的调查报告来看，公司中上上下下还有很多机会可供内向捍卫者们去完善，方法如下。

内向管理者培训

通过培训，雪莉·布拉夫（Sheryl Bruff）帮助管理者们逐步建立了对不同层级多元化的理解，其中也包括了内向特质。

"我们首先尝试的就是让领导们把更多的注意力放到这里。我们会按秩序对他们进行培训，帮助他们了解如何通过问题来开启对话。"她跟我说。

雪莉是美国国家航空航天局旗下太空望远镜科学研究所（Space Telescope Science Institute）人力资源部门的负责人，同时她也是一位身份交错（即指一个人的社会身份和政治身份的不同层面相互影响和重叠）的敏锐观察者。目前她关注的项目就是把内向气质带到大众视野中来。一些科学界的管理者正面临着这些问题，比如，不同性格特质、不同风格的员工该如何相处。通过她的一系列干预措施，比如培训和引导，她已经让很多员工的内向特质被大家意识和注意到了。在过去的10年里，她见证了她所在组织的管理者们与内向的团队成员从举步维艰的对话走向互相理解，进步巨大。

指导内向者如何利用他们的优势

内向者特质的优点之一，就是他们总是有备而来。

给予他们充分的时间做准备之后，他们所回答的问题、解决的问题或者提出的相关项目策略的回答，都比强迫他们"随性表达"时要完备很多。作为一个领导者，你可以用引导式的问题来帮助内向的人做好准备，这样他们就可以在会议、演示或者面试中展现出自己最好的一面。在进行真正的对话之前，可以通过电子邮件或者短信的方式提醒他们你想要讨论的主要内容，从而让他们有优异表现。帮助他们利用自身的力量和优势，并同时让他们反思这些准备工作是不是帮助了他们。

一个曾经听过我演讲的年轻男孩跟我说，他特别感激他的老板能让他在员工会议的前一天，提前让他知晓第二天会让他做相关的项目陈述报告这件事，这给了他非常充分的时间组织自己的思路，并顺利抓住机会完美地完成任务。

下面是《2019年职场调研报告》中出现的关于如何支持内向员工的绝妙建议：

我倾向于每周固定一天开会，这样内向的人（还有其他人）就可以提前计划和准备会议相关内容，而不是临时抱佛脚。

当然，所有的专业人士，外向的也好，内向的也好，都不可避免地要临场发挥。但即便是这种无法预料的时刻，提前准备也总是会有帮助的。首先，当你团队的成员被要求展示自己或者临场发挥的时候（比如在员工大会上），帮助其中的内向成员找到机会。其次，鼓励他们为即将到来的领导力和人际关系场景做计划，询问内向员工："你现在可以做哪些准备工作呢？"通过帮助他们思考可能出现"即时"反映的情况，他们会在时机成熟时更加自信地做出贡献。

以我们自己的身份展示自己

> 怎么领导决定了我们是谁。
>
> ——布琳·布朗（Brene Brown）

詹妮弗·布朗（Jennifer Brown）在她的书《如何成为一个包容的领导者》（*How to Be an Inclusive Leader*）中写道，"世界各地许多有才华的职员表示，如果大家在工作中不能宾至如归，舒适地展现真实的自己，那就会把自己真正的才能和生动的激情留在了其他的地方。可以打赌，在任何这样的组织中，底线都会受到影响。"当领导者能一开始就坦然展现他们自己最真实的一面，人们会产生想与之交流的冲动，那么反过来，员工会尽全力并充满激情地投入到工作中。当领导者们愿意接受差异化性格，比如，关注和理解内向特质，接受团队中每个人的不同特色，那么这就能让团队中的成员充分施展自己的才能。

让我们来看看，作为内向、开明的领导者，我们如何通过承认和反思自己曾经对内向者持有的偏见来找到自己的声音，从而更加深入地了解和体会他们所经历的一切。

直面我们对内向者的偏见

领导者的主要盲点之一，可能就是他们自己所信任的一套关于内向的神话。在具多样性和包容性的世界里，有很多关于无意识偏见的讨论以及关于对某些社会群体的刻板印象，这些是人们无意之间形成的。很多时候无意识偏见并不受我们自己的控制，它自然而然就在脑中形成并迅速得出相应的评价。

虽然我们不能抹掉脑中无意识形成的偏见，但我们可以让其浮现出来，这样就能深入了解是什么动机和因素导致我们做出这样的行为。比如，我们觉得一个团队中某个人没有说话，那么他就是没什么想说的，在这种情况下我们很有可能忽略了他，错失他可能提供的有价值的贡献。如果我们能意识到团队里沉默的员工没有表达可能是因为我们无意识的偏见，那么也许可以改善我们对这些员工的看法，重视他们并给予他们更多的时间和机会，适应他们的表达方式来与之交流。

你是否做过类似于迈尔斯–布里格斯性格类型测验（MBTI）或者DISC个性测试这类的测试呢？你是否曾利用这些测试结果以更好地了解你自己和你团队的成员呢？它是否加深了你对有效沟通和相互激励方式的认识？与此相同，多样性专家，《每一天的偏见》（*Everyday Bias*）一书的作者霍华德·罗斯（Howard Ross）说，"让人们表达自己意识中的偏见是非常重要的，通过了解（这些无意识偏见）我们能降低它在工作中控制我们决策的能力。"他在书中解释说。

神秘的内向气质

以下是一些领导者曾经表达过的关于内向性格特质的偏见。

内向者

◎ 不喜欢交谈。

◎ 缓慢而犹豫不决。

◎ 反社交，局外人。

◎ 总是想一个人待着。

◎ 看起来易怒，厌倦且高傲（从他们低调的面部
表情来判断）。

◎ 总是不开心。

◎ 不喜欢人群。

我有幸在世界各地的办公室里见证了许多关于内向
者的谈话，这些谈话总是很有启发性且往往能拓展思
维。在整个过程中，谈话和交流就好像在学习一门新的
语言，不断演变深化。我所学到的正是在一个团队或者
组织中的每一个人都是独特的，包括内向者。

"内向者有很多不同的表现方式，"《躲在厕所：一
位内向者走出去的地图（当你宁可待在家）》的作者莫
拉·亚伦斯·梅勒解释道，"我们并不总是安静，也并
非总是羞涩，更不总是像朵壁花一样成为局外人。巴拉
克·奥巴马（Barack Obama）是内向者，那些很成功的
喜剧演员、表演者、公众人物等很多都是纯粹的内向者。"

有一次我在德国柏林开设了为期一周的内向领导者
训练课程，其中有一个学生叫安娜，她外向热情并且是
一位经验丰富的高管教练，会议里她提出对整个"内向

性格"想法的质疑，并强烈反对，用她自己的话来说，这就代表给人们贴上标签和"分门别类"。但是培训的第二天她回到了会场，她回想起认识的人，脸上露出了"的确如此"的神色，她说她想起曾经遇到的一个特别的客户，因为对方低调的性格和缓慢的反应曾经让她特别沮丧，甚至认为是自己的能力问题而感到失望，但现在这样一说，好像一切原因都清晰明了起来。也许对方仅仅只是因为性格内向而已。她自己是非常外向，也决定以后不再那么轻易下定论，要多一些同理心。这一新发现让她开始更多地与客户建立更好的联系。

总结

成功的领导者永远都愿意不断成长，保持变通，灵活地满足员工的各种需求。我坚信这些有清醒的自我意识、诚实面对自身偏见的领导者通过虚怀若谷的不断学习，一定会创建出极其成功和优秀的团队。

> 底线：领导者必须考虑到自己员工的情绪并相应地调整自己的做法。首先我们可以围绕团队成员性格的差异性展开讨论，比如，聊一聊内向这个话题。

领导内向者的五个注意事项。

1. 识别出你团队中内向的员工，询问他们喜欢的工作方式和交流模式，这会让他们觉得受重视且被认可。

2. 可以在和内向员工交流的过程中，分享你自己曾经的一些内向性格特点引发的小故事，增加交流深度，并在此基础上一起向前看。

3. 给你团队中的内向员工充分的时间和空间，给予他们足够的事先准备时间，帮助他们获得成功。

4. 培训其他的管理者和团队成员，把内向特质放到台面上来谈，让大家都能感受到内向特质的价值所在。

5. 直面你自己对于内向性格的偏见，尽可能减少它对你做出决策时的干扰。

第**4**章
与内向者交流

我觉得我们团队的文化总体从"理论上"来说是多元的，包括对内外向性格的理解，但是在公司实际运用过程中，仍然是声音最响亮的那些人主导着话语权。比如，指导项目、实施一些创新实践、吸引首席执行官（CEO）的注意，等等。

——2019年职场调研受访者

在所有关于沟通产生的影响和各种沟通方式的讨论中，经常被大家忽略的那个最基础、最核心的思想就是人与人如何做到真正的交流。2012年，谷歌发起了一项大型调研，称之为"亚里士多德项目"（Project Aristotle），目的是探索如何才能建立更好的团队。他们调研了180个国际团队以研究团队组成、团队动态和团队效率的关系。结果再次证明，信任和理解是团队有效沟通中最重要的部分。

谷歌的"亚里士多德项目"说明，没有人愿意在走进办公室的时候挂着一张"工作脸"，也没有人想把自己真实的性格特征留在家里，带着虚假的面具上班。

我们不能只注重效率。相反，当我们早上开始与工程师团队合作，然后给营销部门的同事发邮件，再参加电话会议的时候，我们希望这些人是真的在听我们说话。我们想明确地表达，工作并不仅仅意味着当一名劳工。

是的，我们会在这一章探讨内向者的沟通方式。我们也会专注探讨内向者交流时的需求，比如，给予其足够的停顿和准备时间。但最重要的是，我们会探索领导者和员工如何能更深入地了解内向型性格背后的真实个性。为什么？因为这样一来他们才能自如地表达自己的看法并做出贡献。我们还将研究如何构建一个心理上的安全环境，一个欢迎安静、冷静的贡献方式以及富有表现力、精力充沛的场域。

交流方式的破裂

"2017年，我们公司进行了一次沟通调查，旨在了解内向型领导者喜欢使用的沟通工具。"结果，根据40位来自不同行业和工作职位的内向型领导者给出的答案我们了解到，将沟通方式与所传递的信息类型相匹配，才能增加人们理解信息的程度。举个例子，调查对象发现利用电子邮件的方式沟通，适合传递数据、商定会议、分配其他日常信息等。利用发信息的方式沟通适合获得快速回答、现场后勤规划和签到等。接下来，你会了解更多关于内向者在以下每种沟通方式中体现的价值：电子邮件、文本信息、电话、面对面/视频会议和内部网程序。

电子邮件

据调查报告显示，用电子邮件交流是内向型领导们最喜欢运用的一种方式。就像其中一位受访者所说，"这样能减少闲聊，直接说重点"。另一些受访者认为，通过电子邮件传输能给他们更充裕的时间准备好需要交流的问题，而不是被动地卡在某个点上左右为难。他们甚至认为电子邮件能帮助他们达到更有效的沟通："如果我在一个工作需要以电话交流为主的时代，我可能不会进步那么快。电子邮件和其他社交平台能让我以书写的方式表达自己。写好了之后我可以放在一旁，等一会儿再回来看几遍，做些修改，最后发送出去。"

文本信息

和电子邮件相比，文本信息的传输能让内向者时间充沛地发出最言简意赅的信息。一位调研受访者说："发信息是工作中最好的搭档。我可以迅速且灵敏地回复这些信息，编辑过程中的迅速修改和纠正也能降低我用错词语的风险，但电话交流中就经常无法避免这类问题，带来非常多焦头烂额的场面以及不必要的误会。"

很多受访者发现，群体编辑"对话"也是一种高效率的、表达不同观点的方式。

电话

我知道很多内向者非常不喜欢电话。曾经有位客户公司的员工完全拒绝打电话。有一次我无意中撞见他躲避电话的动作（我想他当时以为是他的小孩在打电话），我们因为他躲避电话时做出的种种尝试笑了很久。

实际上，电话能强调和解释邮件或者文本通信交流中可能遗漏的问题。电话交流能加强人与人之间更深一层的沟通并建立信任感。你的声音和语调会成为交流媒介中的一部分。举个例子，我曾经接收到杰瑞德的一条语音邮件，他是我们团队中一位内向的销售成员，语音的内容是要求我给他打个电话。在我们电话交谈的过程中，他解释了一个较为敏感的客户情况，如果他试图在电子邮件中描述这个情况，那么我很有可能会产生误解。正是由于他明智地选择了最适合的沟通方式，使我对他有了更好的印象。

阿琳也是我团队中一位比较内向的员工，尽管她非常抵触打电话，但也意识到电话沟通在工作中在所难免。那么，对阿琳这样的内向员工而言，如何能够在电话交流中变得没有那么痛苦呢？一个来自内向者的可靠建议是提前告知对方你要打个电话（不要有意外电话，也不要像我当时对那个害怕接电话的员工那样！），并把电话中可能会涉及的相关问题和重点事先表达出来。这就能够让电话内容在可预见的范围之内，并把对话的重点都放在事先已经告知的主题上面。

面对面交流

宣布重要新闻、构想一个新项目、表扬员工或者解决遇到的各种问题，最好的方式是面对面的交流对话。然而，面对面交流确实是我们在调研过程中发现的内向者最不喜欢的一种交流方式。

就像打电话一样，你可以把面对面的会议写在日程安排上，从而降低开会时的不舒适程度（不要不打招呼，轻易闯进别人的办公室或者办公隔间），并且事先浏览和预备会议的流程。我们的调研报告也显示，一些内向者认为视频会议比线下会议更有安全感，但前提是大家遵守同样的基本规则。比如，要么大家都出现在镜头面前，要么就都不开摄像头。如果有些人打开摄像头而有些人不开，甚至在同一时间做其他事情，这样对大家来说都是不公平的。

几家软件公司的创始人及商业领袖保罗·英格利希（Paul English）会非常准时地公开自己早饭、午饭、晚饭的议程时间安排。他认为面对面传输信息比通过电子媒介的方式传输更容易一些。

他说："作为一位内向者，整天只面对电脑工作就好，这当然是一种诱惑。但是如果我真的这样做，我会觉得我的能量会被整个房间吸走……最终，我还是需要见见这些好久没见面的人。有时候我们会以某个议题为主进行交流，但更多的时候实际上就是一种纯粹的社交。如果没有人与人之间的真实交流，一切都变得平淡了。"

我还是相当乐观的，有趣的现象是我发觉现在的年轻人似乎越来越倾向于选择面对面的交流方式。时代专家瑞安·詹金斯报道说，超过70%的"Z世代"（Generation Z）职场员工（这些人现在差不多都是二十出头的年纪）更喜欢面对面交流或者视频通话。一些人认为，Z世代的趋势实际上是对千禧一代①一贯数字化、不同步交流习惯的一种反冲与抵制。

内部网程序

"现在很多公司都设计了公司内部的网络交流程序，可以更人性化、更有效率地增进员工交流。内网程序会给每位员工制作一份可见档案，包括该员工的名称、地点、照片等，这样公司内部的人员之间可以无障碍地精准交流。"内部网软件程序开发公司的杰斯特说道。

"许多内部网提供实时更新和公告以及内置或可选的识别和奖励系统。他们通过这种方式表彰多样化。"

---

① 指大致在1981—1995年出生的一代人，时间说法上有差异。
——译者注

该公司的博客上写道。

像世界水资源慈善基金会（Charity Water）这样的组织已经完全不再使用电子邮件了，而是彻底依靠他们的内部网程序进行数字通信［比如该公司用的"斯莱克"①（Slack）］。我的一些内向的客户发现，内部网能帮助他们与更大的员工群体联系在一起，而不必不断地参与到可能使他们偏离轨道的现场对话中去。在这里，个人接触对于培养强大的联系和关系很重要，所以这种工具不会让人觉得它仅仅是一种无形的数字交流形式。本着这种精神，我们《2019年职场调研报告》中的一位受访者提出了一个简单的要求，似乎并不难遵守："我希望人们在Slack上的个人资料照片中最好使用自己的照片（或者至少是一些个人照片）。毕竟与'格子棋盘'互动让人很不安。"

弹性而融通

沟通是一个过程，每一方都有责任做好自己管理的

---

① Slack，一种网上沟通交流工具软件，它是聊天群组＋大规模工具集成+文件整合+统一搜索。Slack已经整合了电子邮件、短信、GoogleDrives、Twitter、Trello、Asana、GitHub等65种工具和服务，可以把各种碎片化的企业沟通和协作集中到一起。——译者注

那部分。当你和一个人沟通时，如果对方选择的沟通方式偏好和你不尽相同，你需要为对方多考虑，以融合恰当的方式适应对方的偏好需求，从而达到最终的沟通畅通无阻。

每一段沟通过程都由信息的发出者和接受者两部分组成，如果你是信息的发出者，而你的接受者被你排山倒海的电子邮件弄得举步维艰，那么你们可以尝试换一种更加有效率的方式进行沟通。不然很可能的结果就是你不停地传送电子邮件而对方拒绝阅读，双方陷入胶着状态，最后甚至可能放弃沟通。

如果你更喜欢发电子邮件，但你知道你内向的年轻同事更喜欢发短信，那该如何？灵活一点，时不时也发送短信而不总是用邮件，也许这会让你们的沟通更畅快，增强信任和联系。留意你所接受到的回应类型，细心观察并在此基础上决定要不要做些调整，要不要转换为另一种交流方式。而且，不要在你应该询问同事你的沟通方式是否有效的时候选择不闻不问。展开对话，讨论双方可以做些什么来提高沟通的清晰度和效率。

时代专家瑞恩·詹金斯确信，应该制定一些指导方针来减轻沟通所造成的压力。比如，不让员工每天进行各种现场交流（打电话、发短信、突然拜访办公室等），说不定会让公司中的内向员工在这方面感到更放松和舒适。他建议，当公司绝对需要通过内部网程序或者文本获取某些信息的时候，应确定应急通道。其目的就是让通信方式更加合理化。

拥抱沉默

我们已经探索了各种不同的交流方式以及这些方式与内向者的连接点，现在是时候为那些总是对沟通和联系不感兴趣的人设定最重要的基本准则了，以便进行富有成效的对话。

研究表明，创造力与创新性往往发生在你思考和反思的刹那之间。所以，第一条准则就是要创造这样一种文化氛围，通过拥抱沉默和安静，体贴入微地给予内向者们更多的机会。

一种欣赏安静和沉默的文化，并不意味着拒绝大声疾呼和激情抑或热血地表达观念，而是说在这里能有空间让不同类型的交流并行不悖。很遗憾的是，在第3章中提及的"大声领导力"与安静的影响力相比，前者总是略胜一筹。从我们的《2019年职业调研报告》里就能窥见一二。

我们也对内向者的头脑越来越了解，到目前为止最重要的一个发现是他们往往对声音（噪声）非常敏感。实际上，研究表明噪声会对内向者造成过度刺激，从而消耗他们的能量。

这不仅仅会对工作产生影响。一位在我培训班中的女性信息技术主管和她同事说，她一直尽量避免家访，因为她受不了家里人多音量大以及持续不断的对话，会对她产生刺激。另一位2019年职场调研中的受访者曾说他们希望办公室里能有"让电脑和手机保持静音"的政策。

茹阿达·梅赫罗特拉（Radha Mehrotra）是一位和内向者们打交道的教练。她自己也属于相当内向的类型，她回顾在之前公司的时候，正是因为当时公司的喧嚣最终导致她离开并创办了自己的公司。她痛心疾首地说，那时候公司里根本没有片刻的安宁。

"我整天都在开会，做报告，提交研讨会议程，和人说话，没完没了。问题是还不仅如此！我的老板曾和我说，'这就是你的工作。为了你的事业进步，你必须和人建立联系，拓展你周围的人脉。'但这对我来说太难了。"

如果她的老板能明白并且给她一些休息时间做安静的反思，也许能事半功倍。当然，如果他看过丹尼尔·平克（Daniel Pink）的书《时机管理：完美时机的隐秘模式》（*When: The Scientific Secrets of Perfect Timing*）

中的相关研究就更好了。书中，平克鼓励我们到户外及大自然中去并进行"微休息"，这能让我们拥有更好的心情，比在室内散步更能补充能量。

《2019年职场调研报告》显示，只有25%的受访者声称他们公司能给予员工安静和反思的空间。但幸运的是，在拥抱沉默这一点上，也会有一些公司堪称楷模和典范。潘瑞·普莱斯（Parallax Press）是一家位于美国加利福尼亚州伯克利的出版社。在那里，团队成员一天中会被提醒要主动适当停顿休息和享受片刻宁静。他们也会在上班时间组织日常冥想和正念训练。

西尔维亚·布尔斯坦（Sylvia Boorstein）是一位专门进行冥想方面内容创作的作家，她去参观了这家出版社的办公室，一开始她觉得这种"冻结标签"似的训练很奇怪。但渐渐地她开始欣赏这种做法，这种方式实际上给了每个人一种反思、呼吸和评估自己处境的机会。（更多关于如何在喧嚣的工作环境中拥抱沉默的方法，请参见第5章的内容）

另一个为拥有专注、安静时间设定界限的模式是确保员工不会经常受到工作交流的干扰——尤其是在工作以外的时间里。

"大本营"（Basecamp）是一家做项目管理和团队通

信软件的公司，他们就一直在做这方面的努力。该公司提倡每周工作40小时，不鼓励在晚上和周末回复邮件。我相信内向者及其他很多员工都会喜欢这个重新充电的机会，这样当他们回到工作岗位时，精力会更加集中。

最后，重要的是要意识到，保留沉默空间这件事必须延伸到实际对话中去。就像我们在第3章"内向型领导者"中谈及的，内向的人总是需要时间来组织他们的语言表达和想法。与其鲁莽而不顾一切地填补对话中的片刻安宁——不管这停顿让你觉得有多尴尬——我们都更应该去尝试"尊重片刻的停顿"。这一观点得到了2019年职场调研中几位受访者的呼应。

罗根也是我培训班里的一员，他分享了自己的一个故事。之前他和另一位外向的同事完全不能理解他们的一个内向同事休恩（Hue）的说话方式，不理解为什么休恩需要那么多时间来表达看法，当时他们就想当然地以为对方没有什么想说的。但自从他们领悟到停顿也有其价值的时候，他们之间的对话完全改变了。他们开始倾听并尊重对方的表达。

创造一个人们乐于分享的安全环境

我们知道，人们花时间在真实环境中待在一起，才能更好地交流和沟通。之前"亚里士多德项目"研究就提到了"心理安全"的说法，观点来自艾米·埃德蒙森（Amy Edmondson），她是哈佛大学商学院的教授，"作为团队成员的共同信念，团队可以安全地承担相应的人际风险"。1999年，她把"心理安全"定义为"这是一种自信，团队不会因为某人畅所欲言而让他尴尬、拒绝或者惩罚他。"她说，"这描述了一种以人际信任和相互尊重为特征的团队气氛，在这种气氛中，人们都乐于做自己。"

组织促进心理安全的其中一种方式是赞助员工资源小组（ERGs），在那里人们可以围绕感兴趣的特定话题或者某些多元化的领域而见面。它们会为人们提供交流的论坛，以非主导群体的成员的身份，公开讨论，如何在组织管理的海洋中航行。

一些像德勤会计师事务所（Deloitte Touche Tohmatsu Limited）之类的公司，甚至超越了赞助员工资源小组，自己创建一些包容性的委员会，以解决多元化群体的需求，而不是简单地将他们"归类"为内向者或者其他。根据德勤会计师事务所美国公司人力资本主管伊瑞卡·沃里尼（Erica Volini）所言，这些多元化或包容性委员会能自己筛选和处理相关的议题，比如，关注父母老龄化、工作与生活平衡，内向领导者的能力与贡献以及自闭症问题。他们提供了一个安全的信息环境，在这里人们可以大胆地提出问题，并以完全不同的崭新方式相互理解和沟通。

谢丽尔·科菲尔德（Cheryl Cofield）是位于美国亚特兰大市的佐治亚理工学院（Georgia Institute of Technology）的文化包容与参与性委员会主任。作为一名内向的领导者，谢丽尔在我们八年前的交谈中就意识到了内向特质这个话题的重要性。她和她的组员筹建了内向员工资源小组，如今其人数已经达到三百人。该项目在成功筹办的基础上，也做出了更多相关的努力，扩大了影响，创造了对内向者友好的工作空间，甚至可以具体到空间中的秋千！此外，他们也邀请了市里内向性格的官员来演讲，谈论他们事业的成功，并邀请内向的人参加现场讲故事活动，甚至还一起举办了"成人色彩日"（Adult Coloring Day）。

不论是赞助员工资源小组还是多元化委员会，这些论坛都给组织里内向的员工创造了更包容的工作环境。这些参与和有形的支持正是通过这样的组织结构继续发扬光大。（请参见"创建内向型友好的实践措施"和小组分发的相关会话指南）

内向者友好沟通实践的常见障碍

当你采取措施准备加强公司的沟通文化并尝试包容各种气质时，会出现一些你可能要面对的危机，以下是相关问题以及应对方案。

回到老习惯

除非内向者们能持续在公司组织里活跃起来并且公司需要一直强调内向友好型交流的重要性，否则整个公司的风向很有可能回到"大声管理"的行为中去。比如，我了解到一些公司会安排一些安静时间以提高生产效率和绩效，但过了一段时间之后，安静时间就自动消失了，因为公司的文化不支持这种做法。一位2019年职场调研的受访者曾说："我们曾经专门设计了安静房间供员工使用，但很快那里就成了堆放杂物的地方。"

很多专家，比如，组织文化发展先驱埃德加·沙因（Edgar H. Schein）就坚信，文化整改应该从上到下。在接受文化实验室（Culture Lab）播客采访时他谈到了领导者："是领导者怎么做、关注什么、欣赏什么、奖励什么最终塑造了公司的文化。"

一位2019年职场调研的受访者完全赞同沙因的说法，并评论道："高层领导必须接受内向者的品质。"

给内向者口惠

一家国际顾问公司的副总曾经向我咨询，并希望我为他的销售团队开展一个关于内向型领导力的培训项目。他衡量这个咨询项目成功的标准是什么呢？就是把他的主要技术团队中内向的成员变成外向的人。而且他对此非常认真。其实内向的人可以凭借他们已经拥有的许多内在优势成为成功的销售人员，但最终我并未说服他，因此果断拒绝了他提供的机会。

如果我们要塑造沟通政策和方法以真正尊重内向的性格，那么对于内向特质保持开放的心态非常重要。要想让公司文化中包容内向特质，那么高管们可以采取这样的步骤：做一个迈尔斯–布里格斯类型指标（MBTI）之类的性格测试，以洞察不同的沟通风格。要做到真正理解差异性所带来的价值，这可以说是一种绝佳的开端。2019年职场调研报告显示，过半的受访者认为迈尔斯–布里格斯性格测试能够帮助他们建立更有效率的团队。

当政策变化并未带来实际行为的改变

构建内向友好型交流环境最大的障碍，往往是领导层支持建立内向友好的文化氛围，但落实到员工实操层面时，并未真正实施起来。如果一家企业的中层都不理解为什么团队要适应其他类型的沟通方式，那么很有可能这个措施实地执行起来就希望渺小。

这种情况下，改变必须发生在基层而不是政策层面以及实际的人与人之间。我的同事苏珊·卡恩（Susan Cain），她也是撰写内向性格相关主题的畅销书作家，曾建议道："与你的同事一起共事，不管他们是内向还是外向，了解他们的具体喜好。"她认为，应当"鼓励人们以个人或团队方式进行坦率而开放的对话"，比如这样询问：

"你认为在理想的工作日里，一天开几场会议合适？"

"你喜欢用怎样的方式完成你的工作？"

"你怎么自我充电？"

卡恩发现很多内向者可能不愿意敞开心扉，如果是这样，她建议团队为他们提供一些高调、成功的内向者的阅读资料，或者"在你的组织中找到一个内向的、愿意公开谈论这些话题的领导人选"。

如果你能利用这些从同事那里学到的东西来挖掘自己团队的想法和创造力，那么构建内向友好型氛围就更有可能在整个企业中切实运行起来。想想由此对公司绩效和生产力方面带来的巨大影响！

总结

我不认为这一点被大家经常提及，即信任和理解是有意义沟通的基础。对于内向者而言，这一点尤为重要，虽然他们的安静特质让他们常常看上去显得反社交，不好接近。但是，内向者需要时间和空间以他们自己的方式表达和交流，领导者和共事的同事们会发现，这些有想法的员工能为团队带来意想不到的贡献。

底线： 花点时间去了解你公司中的内向同事，一对一地去了解和学习对方喜欢的交流模式。

和内向者沟通的五个要点。

1. 对话中允许适当的停顿；这些停顿会给内向者一些空间和时间以形成思路，进而回复。

2. 保持沟通方式的灵活性，用你的内向同事偏爱的沟通方式进行交流，会让你们的交流更深入，加深彼此之间的信任和连接。

3. 制定一个指导方针，规定在办公室内外可供沟通的时间和方式，以减轻意外互动带来的压力。

4. 建立员工论坛，让内向的人可以找到相应组织，能够安全地讨论他们的需求和面临的挑战。

5. 考虑一下如何能够带动高层领导来支持和效仿内向型特质的行为，当他们不在公司的时候，你可以自己扮演这样的角色。

第 **5** 章

设计工作环境配套设施

我希望有更多的空间让人安静地工作。一般公司里只有少量额外的办公室，公司也不鼓励我们利用这些地方来专注和安静地办公。

——2019年职场调研受访者

我还在学校里当顾问那会儿，每周都会走访的其中一所学校的办公空间用完了，他们能提供给我、师生和家长见面的地方只剩下放扫帚的杂物间。坐在众多拖把之间很难做一对一认真的咨询交流，可以说效果相当不理想，但我还是完美地完成了工作。回想起来，当我们坐在各种清洁用具和工具中间时，我赞美了学生们的灵活性和适应性。从开放式办公室席卷而来的潮流所吸引的内向者身上，我得到的一个教训是，他们也不惜找到相应的变通方法，让这些空间真的能发挥作用。近几年，我们亲眼见证了全球范围内的变化趋势，即传统的封闭式办公室向开放式办公空间的转变，其原因主要是为了节省成本以及促进员工之间的合作。2017年的研究发现，美国70%的办公室没有或者少有个人工作空间的专门分区。

有人可能会认为，对于内向的人来说，这些开放式的工作场所并不好，会降低他们的生产力和创造力。这些假设其实的确有道理。我经常听到很多内向的专业人士对他们的开放式办公环境表现出强烈的担忧之情。他们抱怨说无法顺利完成工作，并且受到很多负面的影响。开放式办公环境带来的合作气氛会被周围的噪声以及旁边同事的聊天声覆盖和干扰。几乎可以说完全没有隐私可言。我们都知道内向的人需要相当多安静的时间才能更有创造力，并且完成好一个任务。但很遗憾的是，开放式的工作环境往往缺乏这样的气氛。

当被问到希望自己的公司实施什么样的内向友好型工作空间时，《2019年职场调研报告》中的很多受访者（受访者中内向的人占比超过80%）并不喜欢当下公司的开放式环境：

"想像八到十年前那样，回到几乎每个人都有一扇门（更少隔间）的办公室。"

"不要开放的办公环境，回到格子间。"

"希望我们能有自己的办公室，但不是格子间。我很难集中精力。如果我不带耳机，我很难顺利办公。开放式的平面布局要完蛋！"

当时，也不是所有的内向者都反对开放式的工作环境。38%的受访者在调研报告中声称，开放式工作环境布局给他们提供了很多机会，也能提高生产力和创造力。他们还表示，没有门或者格挡，降低了与同事交流的障碍，他们已经找到了简单的解决方案。当自己需要创造所需的隐私的时候，戴上耳机即可。

在这一章中，我们将回顾这种开放空间的工作环境

给内向者带来的好处以及相应的义务承担。我们也会一探究竟，到底企业该如何设计办公环境，才能够既考虑到内向者们，也考虑到其他不同特性的员工，比如外向的人或者中间性格的人。但首先，让我们考虑一下，到底什么有助于创造一个有效的工作环境。

一个有效的办公环境往往能够让员工轻松交流、社交，并且能专注于自己的工作。一般来说，开放式的楼层设计往往能够满足前两项要求，但由于缺乏隐私，所以不一定能够让员工专注工作。不过这不是必须做到的，我们会在后面的部分详细提及。

一些研究表明，如果空间设计得当，开放式空间可以和私密空间一样有效。一项由设计策划公司根斯勒（Gensler）发起的、囊括600多家公司的大型调研项目发现，创造型公司的员工往往更有设计感且拥有更多功能化的办公环境，不管他们的办公环境是否开放。创新公司提倡的要素包括：小型团队协作的实体和虚拟会议室、开放的会议区域、办公室内外的流动性相结合，这些都是功能性工作空间设计的关键。根斯勒首席执行官珍妮特·波格·麦克劳林（Janet Pogue Mclaurin）还说，在他们的调查中，他们发现外向和内向的员工给出的反馈并没有很大区别。也就是说，不管是什么性格特质，所有的员工都希望有一个相当灵活的办公空间，以发挥他们自己的特长来提升效率。

"我们每天都会发挥不同的功能，包括集中注意力、合作、学习和社交。"麦克劳林解释说，"在咖啡机周围创建一些社交资本是一种建立信任的方式，这会带来创造力。"

不论是在咖啡机旁边还是在你的办公桌附近，员工之间轻松的交流是高效率工作的关键。这也是为什么尽管有缺陷，但是内向的人也能从开放式的办公空间中受益，就像我们接下来看到的这样。

开放空间的办公环境对内向者的益处

一次实地考察改变了我之前对开放式空间的成见，以前我总觉得开放式空间对内向者是不利的。同时这也佐证了我的另一项研究，即开放式空间的办公环境对内向的人有三大好处：团队合作、跨职能连接、自然交融。

团队合作

美国化学学会（The American Chemical Society，ACS）

位于美国俄亥俄州哥伦布市。乔伊·斯约斯特洛姆（Joe Sjostrom）曾任该学会分支机构的产品技术与运营总监。作为一名精明而内向的领导，他分享了办公室从密闭到开放空间这一重大转变的过程和经历。最开始，他还对这种改革持怀疑态度，不过现在他表示再也不想回到过去那种传统的设计中去了。他的办公室正好坐落在空间的正中央，靠近猫的喂食碗附近。没错，公司养了一只猫，每个人都会和它亲近。

乔伊带我逛了他们的办公室，向我讲述了美国化学学会分支机构的内部建筑是如何改造的，如何满足了新的工作方式"敏捷"（Agile）系统的需求。在这个过程中，需求和解决方案通过自发组织和跨功能团队以及最终用户的共同协作来推进。这家分支机构非常支持新办公室计划的实施，该过程让工作人员能够一整天进行讨论和联系。

随着办公环境的发展，令人惊讶的是软件工程师（一般来说，是一些高度内向的人群）能以一种相当积极的方式适应这个新环境。乔伊解释了为什么他觉得这些内向员工能在新环境中生机勃勃：

"我相信很多人都会对'开放空间对内向的人有好处'这种说法持怀疑态度，但是在我来看，我们的内向特征并没有因此'改变',很多人仍然对某些孤立的元素持有很强烈的偏见。我觉得人类的思维实际上适应性是很强的,并不是大家认为的完全孤立。内向特质的人可以很好地容纳开放式的环境,而且这样的环境也能让整个团队的生产力提升。我现在就很难想象我们当时是怎么忍受'海底走廊'的办公岁月的!"

乔伊还跟我说,大多数团队成员已经学会屏蔽无关的谈话内容,但也会恰如其分地在他们认为自己可以发表意见的时候自然加入对话。他还说,为了防止大家被干扰而提供的耳机设备根本就用不上。在这个协作软件开发的部门中,他们已经"全力以赴",不会再回头了。

跨职能连接

几年前,我的出版商伯雷特·克勒(Berrett–Koehler,BK)公司从旧金山市中心搬到了加利福尼亚州的奥克兰市,以适应他们不断壮大的公司并解决不断上涨的租金问题。他们从黑暗狭窄的空间(当时一些高管还有自己的私人办公室)转移到了一个完全敞开的开放式环境里,可以说,隔阂的壁垒瞬间崩塌。

在搬办公室之前,我问过很多克勒团队的内向员

工，他们对于搬到开放式工作环境是什么感觉。一开始他们的确会感到不安和担忧，觉得会失去隐私，影响生产力。但是6个月之后，我再问他们的感受，他们给予我的都是相当正面的回应。令人惊讶的是，一些内向员工从其他编辑部、营销部和生产部之间自发而又富有成效的对话中，常常获益匪浅。甚至有时候他们都没有参与谈话，但能听到整个项目的构建过程，并给自己的工作提供更丰富的信息，甚至还能为以前不知道的项目提供很多资源和想法。

转变过程中一个较成功的变量是会议室和电话会议的实操性。另外，就像很多公司一样，克勒提供了灵活的线上工作方式，帮助人们更有效率地完成工作，并且还提供独处静思的空间和时间。你可以在这一章中读到更多关于灵活性选择的内容，并且在第6章中看到远程工作的相关安排。

自然交融

内向者往往通过一对一或相对低调的方式进行谈话和沟通，才会活跃起来，开放式工作环境能够让这一切更加自然而流畅地发生，毫不做作。比如，史蒂夫·乔布斯（Steve Jobs）在皮克斯（Pixar）公司做设计的时候，在办公区域中心设置了两个洗手间以鼓励员工之间相互交流。员工会在洗手的时候跟旁边的以前从来没有机会说话的同事，讲起一些火花四溅且充满创意的"卫生间小故事"。通过对办公物理空间的关注，你能够让内向者们自然而然地和每个人互动，包括那些直接能够给团队带来激情的外向的人。

为内向者设计开放空间办公室时需要注意些什么

为内向者设计内向型友好的工作环境所面临的挑战可以分为三大类，即交流、缺少隐私和分心。让我们来一一解读。

交流

"除了每英尺①的成本较低，开放式办公室建设的一个明确目标是激发沟通和集体创造力——就好像蜂房中的蜜蜂。"一位作者写道。但很遗憾的是，研究表明，并不是所有人都支持这样的提议。哈佛大学研究人员的一项引用很广泛的研究表明，开放式办公室布局实际上减少了70%的面对面交流，取而代之的是电子邮件

---

① 1英尺约等于0.3米。——译者注

沟通和发送短信。从办公室伙伴关系中退出的人们同样在开放式设计的办公室中效率低下。需要注意的是，该研究的样本量很小。在之前讨论过的伯雷特·克勒公司新转型的办公室里，一些人觉得，由于工作场所的闲聊已经减少，新的安静同样令人不安。

伯雷特·克勒的首席执行官大卫·马歇尔（David Marshall）调查了这些人对公司新的开放式环境设计的反馈之后说道，"（安静）让人们觉得这不是一个适合社交和建立关系的时刻，因为每个人都知道你没有埋头在电脑前工作。因此，过去在饮水机旁边的闲聊方式，被安静的电子交流方式取代，尽管人们相隔仅仅几英尺的位置，却通过电脑交流。"

为了对抗这种沉默，鼓励大家交流，一家和我有过接触的公司决定，在他们庞大的人力资源部门按姓氏字母顺序安排员工，而不是按照职能或者团队来安排座位。不幸的是，这种做法适得其反，员工们发现不和自己的团队坐在一起，会导致工作效率的严重下降。

缺乏隐私

内向者最注重的就是隐私。他们并不想和那些顺道路过办公桌的外向员工聊上两句。私密的空间也对思考非常有帮助。威廉·贝尔克（William Belk）的一项调查显示，58%的公司员工认为需要更多的私密空间来解决问题。

内向者喜欢低调行事，如果做事的时候，旁边站着公司领导者，那么给他们留下的私人空间就很少了，还要担忧做事的时候后面有一双在盯着他看的眼睛。一位团队成员质疑："如果这意味着办公室里面每个人都看到了他们的实验或者失败，那么个人是否还愿意承担创造性的风险？"

大部分伯雷特·克勒的职员都表示，缺乏隐私是"妨碍他们全身心投入工作的障碍。"

分心和噪声

一次又一次，内向者在我的研究报告中的反馈都在反复强调，安静的环境对于他们来说是何等重要，不安静的氛围会形成严重的干扰：

"我们在格子间里，声音或者声浪从三四个格子间那边都能传过来，太干扰了。"

"隔间根本就不隔音，我们还是能听到那些健谈之人的聊天内容，一分神就忘了手边在做的事情进行到了哪一步。"

内向者不喜欢外部环境的过度刺激。在一家公司忙碌的开放式空间中，周围的人、噪声和光线会让他们主动放弃游戏。相反，噪声和光线管理也可以成为有效的解决方案，让内向员工在他们需要的时候得到想要的宁静，我会在下一部分详细探讨这个问题。举个例子，《2019年职场调研报告》的受访者们通过灯光，找到了他们自己在工作场所需要安静时间的方式：

我的办公环境允许我使用台灯，而不是顶灯。我虽然不是经常用到，但我的同事们如果看到哪天我打开台灯的时候，就知道这一天是我的"台灯日"，也就意味着我有些吃不消了，他们也都会非常理解。

如何创建内向友好型的办公空间

在一个为内向者提供求职建议的专栏中，企业点评与职位搜索的职场社区玻璃门（Glassdoor）建议他们只考虑那些有门的工作场所。究其原因就在于，他们认为内向者只有在绝对孤立的环境中，才能表现良好。虽然这可能是有道理的，但现实情况是，对于当今世界上的大多数公司而言，以完全的私人办公室形式为主并不是一个现实的选择。那么，内向的员工在评估一个潜在的工作场所时，需要注意到哪些部分的选择呢？更为重要的是，公司自身有什么可行的解决方案以确保它们现在和将来的内向型员工能够迈向成功呢？

要想吸引人才，设计更为理想的办公环境，领导者们有必要环顾自己的公司，考虑其他影响有效工作场所设计的因素，问问内向的人他们需要什么来提高效率。让我们来看看如何做出这些关键的改变，让你的公司为内向型员工提供活力、成为支持他们发挥能动性的场所。

评估你现在的工作环境

戴上你的顾问帽子，花一些时间观察一下你的办公空间。问问你自己，这是让人们觉得舒适的环境吗？很明显，公司主体的精神文化会影响到员工的舒适程度，但是物理上的空间也是不可或缺的一部分。

与远程工作相比，员工到你的办公室工作有什么好处？会有组织意识吗？工作是如何完成的？最重要的是，大家是如何逐渐融入合作、社交、专注这三个主要活动的？

考虑公共区域和会议空间也同样重要。人们是在一个局促的会议室里左右挪动，还是有足够宽裕的空间行走？是否有公共区域（比如咖啡厅、厨房或者大厅空间）让人们既可以聚集也可以独处？室外空间有没有更好地利用起来？

设计者们甚至提出，还可以考虑增加洗手间。对于内向的人而言，在一天的工作中，为了获得隐私而逃到洗手间里去是很可行的，所以在设计的过程中，这是一个重要的考虑因素。你知道吗，在顾客反馈网站上出现的最多的抱怨来自餐厅的卫生间区域。洗手间显然是任何物理环境的重要组成部分。

关注感官环境

只有放松的人才能创造，对他来说，思想如闪电般流动。

——古罗马哲学家西塞罗（Cicero）

除了平面设计，有效的工作场所设计还涉及让员工感到舒适和放松的其他因素，例如感官环境。一项对大脑的研究指出，内向的人对光线和噪声是更加敏感的。

以下是一些需要注意的点。

◎ 办公室设计是否加入了噪声管理？

◎ 是否有针对白噪声的工具，比如耳机，能够让人们在想要专心致志的时候使用？

◎ 办公室里是否有一些自然物品，比如绿植等，让环境看起来更吸引人？

◎ 是否充分运用了自然光线，人们是否可以根据自己的需要自由改变光线强度？

内向的写作者莫拉·亚伦斯·梅勒离开办公室工作的原因之一就是霓虹灯对她的健康产生了影响。她尖锐地写道："不管这份工作本身有多好，我对无处不在的头顶荧光灯非常过敏。他们给了我治疗偏头痛的药来缓解，但是我只要一想到我要在这样的光线下每天工作10小时以上，就不可能感到快乐。"

最近，我去访问硅谷一家大型科技公司的时候被深深触动，这家公司到处放满了植物，所见之处都是绿植。后来我从华盛顿大学综合设计实验室（University of Washington Integrated Design Lab）了解到，一项研究发现：自然光线和绿色植物的视觉连接可以改善人们的心情，帮助人们降低患抑郁症的风险。把大自然带进办公室，能够缓解压力并且提升创造力。而且增加植物并不会是一项昂贵的投入。

询问内向者他们到底需要什么

我觉得"请勿打扰"的标识会很受欢迎。

我希望我们能有安静的房间，给所有需要它的内向员工。

小范围、小团体的开放空间，而不是整个公司都是完全开放型。

不倾听安静员工们的意见，很有可能导致花费高昂的决策和不断下跌的士气。比如，在最近的一次贸易展览上，两位性格很内向的化学家找到了我，他们分享了自己因为没有被倾听而感到沮丧的故事：他们的实验室刚搬到一个崭新的地方，在整个设计过程中没有人过来征求他们团队中任何一个人的意见，他们本来就很内向，也没有主动去交涉。结果呢，连电源插头的地方都安错了，桌子摆放的位置也不适合进行实验。

要特别留意内向的人以及那些有内向倾向的人。询问他们的工作经验以及什么是他们现在的工作环境中缺乏但一直想看到的东西，你会受益匪浅。发起一个小调查，因为内向的人更喜欢以书面的形式表达他们的想法，而不是自发地在临时对话中一一回应。

参观你所在企业的其他部门或者公司的其他工厂，

收集更全面的答案。一定要带内向的员工一起去"实地考察"。让员工分享他们喜欢的办公场所的图片，从而激发你的创意计划。

灵活运用你手边所有的东西

一旦你对当前的工作空间和工作人员的需求有了深入了解，你就可以咨询设计专家，商讨如何更好地实现你的想法——或者你也可以诚实地亲自上手来做。考虑工作流程的需求，就像我们之前提到的案例乔伊·斯约斯特洛姆的美国化学协会分支机构以及他敏捷工作环境的改革。充分给予员工自主权来决定他们想在何时以及何地工作。对于伯雷特·克勒来说，拥有一间会议室来进行私人会议和电话会议，有助于支持内向的团队成员工作，也是开放型办公室环境的一种补充。

一位博世美国（Boach USA）研发部门的高层领导建议，管理者在鼓励员工利用灵活的选择方面应发挥相当关键的作用。他们在加利福尼亚州森尼维尔市（Sunnyvale）拥有最先进的设备，在大楼周围设置了隐私舱和沙发，因此员工们可以选择他们觉得最舒服且最有创造力的地点进行工作。他们甚至还有一个休闲区，在那里员工可以进行"巧克力会议"，且不允许讨论工作！整栋大楼都是他们的办公室。他们可以在任何地方工作，而不是试图在他们坐的地方周围建立堡垒。

我在柏林做内向领导者训练项目的时候，一位参与者提出了一个非常棒的想法，我们当即就实施起来。他提议，我们把其中一个休息室改成"安静的房间"，让参与者在需要充电和重组新团队的时候去在门上放一个标识。房间立刻就派上了用场，一连四天都如此。

我喜欢这个例子，因为它强调了一个内向的人如何尊重他自己的偏好，并利用其所拥有的资源提出他自己的需求。像他一样，我们不必被动地等到一个崭新但花费昂贵的办公室设计摆在你面前，而是可以在此过程里，找到我们可以利用的空间和资源，就地取材，做出改变。

我也很喜欢这个故事，它强调了工作场所中安静或充满活力的空间成为日益流行的趋势。"办公空间"（OfficeSpace）——一家专门设计办公室空间的公司曾提出，"当我们设计一个开放型的办公环境时，最重要的一点就是要确保整个环境中留出了一部分空间，用于安静办公。在当前的移动工作场所，大多数员工使用的是一台笔记本电脑，这让移动办公室成为可能。重要的是提供空间，让内向员工或者任何员工想要寻求一点独处的空间做事及休息时，能够远离外面熙熙攘攘的办公室及其让人分心的氛围。"

你可能不得不坚持自己的立场，确保工作环境能意识到安静空间的价值，但是根据工作环境设计师詹尼·佩罗（Jenna Perrow）在《西雅图时报》（*Seattle Times*）中的一篇专访中所言："在空间规划过程中，当客户开始评估他们当前和未来的人数，并将其与会议和公共空间进行平衡时，通常首先都会考虑削减私密房间的数量。"

很多我们的受访者都表示，安静工作间的消失是一种必然命运："我们公司的确有一些安静的房间，但是它们一般都会被小团队占领。"

总结

处在一个令人愉快的工作环境中是我们感受到幸福和提高生产力的关键，对于团队和经理来说，在预算、时间和空间的分配方面，把内向者的意见考虑在内是非常值得的。很多时候空间规划的决策权在更上层，以下是一些能够促进办公环境转向内向友好型的策略。

◎ 询问恰当的问题：当人们需要一些隐私时能去哪里？

◎ 提供建议：能否让我们公司的公共区域融入更多的自然元素？

◎ 充分利用手边资源：我们可以把这个角落转变成安静空间吗？

底线：不论是封闭式的还是开放式的，确保你的办公计划能通过合作、社交和专注顺利进行。

内向友好型工作场所设计的五个要点。

1. 询问内向者，他们的工作环境在协作、社交和专注这三个关键活动上的效率如何。

2. 空间设计应该完全适应你们组织架构的工作流程，相近团队自然而然要离得更近。

3. 自然融合的空间（例如位于中心的洗手间和公共区域）很重要，这会让内向员工和同事们的交流更轻松自如。

4. 提供安静的房间或者心灵充电的空间给员工，当内向的员工或者其他人需要隐私或者集中工作的时候可以使用。确保耳机随时能够使用以减少不必要的分心。

5. 一个有自然光线和噪声管理的舒适环境能让员工更加放松且提高效率，对内向者来说尤其如此。

第6章
创建远程工作

我喜欢在家工作，现在我根本不愿意每天待在办公室里，尤其是那种开放式的办公室。我觉得应该有更多的公司施行弹性工作周。

——2019年职场调研受访者

　　我们中的很多人——实际上起码超过3000万人——都嘲笑过英国广播公司（BBC）在网上疯传的那个视频：父亲在家办公时接受电话采访，在采访进行到一半的时候，他那个戴着眼镜，还在蹒跚学步的小孩突然冲进房间并且手舞足蹈，后面出乎意料地跟着坐在轮式步行车上的婴儿弟弟，然后还能看到他们的母亲疯狂地试图阻止孩子们打扰他们父亲的工作（但失败了）。实际上，我们之所以对这个视频一笑置之，而不会认为它是"不合时宜"或者"不专业"的，就表明很多人非常理解在家办公所面临的各种挑战。同时也说明，在如今的数字时代，工作环境的概念是相当"流动的"。

　　和专业人士或者客户交流工作时，我们并不知道对方是在办公室、当地咖啡馆还是在送自己小孩去足球训练的开车路上，现在这样的状态对于我们来说相当平常。在我们的职场调研报告中，超过64%的受访者表示，远程办公是公司中默认接受的做法。在美国，1/3的员工可以选择远程办公，在过去的10年远程办公的人数增长了115%。

　　当然，在一些专业领域，比如，医疗工作者和急救人员没有办法利用远程工作的优势。但是，如果可以为内向的团队成员提供更灵活多变和更能提高专注力的选项，我们为什么不做相关探索呢？

为内向者考虑远程办公方式的主要原因

完全或者部分选择远程办公的员工都会面临相关的挑战，这个我们稍后就会讨论到，但是对于组织中的内向者而言，远程办公对他们的表现等方面都有极大影响。很多和我交谈过的内向团队成员都说，虽然远程工作需要一些时间来适应，但是现在他们已经完全不想回到过去的那种工作方式了。以下是为什么你应该把居家办公作为你的员工，尤其是那些内向的员工的可行性选择。

高效率

随着办公空间的干扰减少、对噪声的绝对控制，那些更喜欢安静、专注工作环境的内向者在离开办公室的时候，反而更有效率。斯坦福大学的一项研究表明，中国一家大型旅行社的500名远程员工的工作效率比留在办公室的员工高出了24%。似乎通勤和被别人打扰的时

间真的被利用起来了[①]。此外，研究还发现，远程员工的流失率降低了50%，他们"休息时间更短，病假更少且休假时间也更少"。

公司估算仅房租一项，每位员工能节省的开支在2000美元左右。

内向者们再也不用受到没完没了的公司同事的干扰，毕竟每次被打扰之后，他们会花更长的时间才能再次投入到工作中。考虑到这一层面，比起斯坦福大学的研究来说，一个没有分心、在家工作的选项可能会对内向者和他们的表现以及工作满意度，有更为显著的影响，毕竟当时斯坦福的研究囊括了各种性格类型的员工。

招聘和蓄能

说到工作满意度，不论是内向还是外向的人，如果每周被允许有一天时间在家工作，他们的幸福度会

---

① 2013年，梁建章曾与美国斯坦福大学商学院的专家学者合作发表《在家办公的可行性：基于中国的试验证据》研究论文，对回答上述问题有很好的借鉴作用。该论文发表在经济学顶尖杂志《经济学季刊》（The Quarterly Journal of Economics）上。文章的研究结果表明，"在家办公"提高了员工13%的绩效，使员工具有更高的工作满意度，离职率下降了50%。——译者注

增加。戴安·鲍德温（Diane Baldwin）是波士顿大学
（Boston University）资助项目的副总裁，她发现她的每
周一天在家项目"改变了人们的生活"。

"每周有一天时间可以不需要通勤，穿着睡衣在家
办公，这简直就是一种给自己积蓄能量的策略。"她和
我说。我问了很多客户相同的问题，他们都非常认可戴
安的言论。

一家医疗中心的员工在接受采访的时候，解释了公
司"周三在家工作"策略的好处。"虽然我在工作，但
我一整天会非常轻松，更不用说缩短了两个小时的通勤
（她去公司单程要45英里①），这就像个迷你的周末。"

对于很多感受到了在家自由办公的内向者来说，这
是一项他们不愿意放弃的特权。站在公司的角度可以把
远程办公看作不仅仅是员工蓄能的方式，也是一项招聘
策略。就像我们2019年的职场调研受访者所说的："灵
活的工作场所意味着你的公司为某个特定职位寻找最佳
人选的时候，不再受到地理位置的限制。"

---

① 1英里约等于1.6千米。——译者注

让远程办公真正帮到你的内向员工

问题：远程办公最大的三个挑战是什么？

回答：电视机、床和冰箱。

——尼古拉斯·布卢姆（Nicholas Bloom），

2017年TED[①]演讲

随着我们在哪里工作这种新选择的出现，我们可以做出关于如何工作和何时工作的重大抉择。关于如何在公司成功实施远程工作计划并确保远程工作不会导致员工"远程工作"，已经有很多文章都提到了相关内容。在实施远程工作时，可以借鉴远程工作研究所（Remote Work Institute）提供的资源。在这里，我们将讨论一些特定的问题，以确保你的内向员工群体以及其他相关人员能够参与进来。

一个人待得太久的风险

面对人们远程办公，公司可能会遇到的挑战之一，

---

① TED（指technology, entertainment, design的首字母缩写，即技术、娱乐、设计）是美国的一家私有非营利机构，该机构以它组织的TED大会著称，这个会议的宗旨是"传播一切值得传播的创意"。TED诞生于1984年，其发起人是理查德·索·乌曼。——译者注

就是一些员工尤其是内向的员工，在远程办公的选项里走得太远，把远程办公当作逃避整个公司的理由，彻底中断和同事之间的联系而导致效率最小化。

创造性的瘫痪

太多的独处时间会导致一个人缺乏行动的动力。我们身体的能量如果视作一节电池，那么一定量的独处时间才会有充电的作用，任何时候过了完全充电点，就会反过来变成自我挫败，且不会有什么积极的效果。尽管不同的内向者所需要的安静时间各不相同，但大部分人都同意过多的独处会损耗一个人的能量值。这会导致你走向异常孤独的境地，这绝不是一件好事。

在研究安静的力量时，那些创造改变、激励他人、挑战现状的内向者们发现，孤立会导致创造性的瘫痪。如果内向的人过于离群索居并沉浸在自己的想法中，会导致他们很难把思想转换成行动。数以百万计的书仍然没有写完，创新性仍然没有被挖掘出来，因为它们的创始者把自己的想法隐藏起来，并且没有采取措施与其他能够帮助他们实现想法的人分享这些想法。

我们还发现，花太长时间独处的内向者可能会丧失洞察力。他们会反复质疑自身，质疑自己的能力，严重

拖延。陷入自我分析中，也会让内向的人过于执着地回忆过去或者思考未来，而这些行为很少能够帮助他们实现富有成效的行动。

失联

另一个内向者独处太久所面临的问题，就是和团队里其他成员失去联系。员工获得能量最显著的方法，就是在自己的老板、同事和其他人面前展示自己的才华，如果没有面对面的交流，他们很难施展这方面的能力。另外，如果很长一段时间见不到彼此，他们可能只会把对方看作聊天群里的一个符号或者图标，并失去利用彼此创造力的能力和机会。

太多的独处时间会导致团队成员忽视公司更大的规划和使命，正如凯文·艾肯伯里（Kevin Eikenberry）和韦恩·特梅尔（Wayne Turmel）所说的那样，"缺乏环境暗示、口号和信息，这些都是组织以及公司文化很重要的组成部分"。相反，他们会过于专注在自己个人的项目上，而忘记团队和公司的目标。

现在，你应该意识到了让内向者远程办公所面临的风险，让我们来讨论一下，如何规避并将这些问题带来的风险降到最低，即通过设定明确期望、保有问责制机制、定期沟通和建立关系。

设定明确期望

考虑与员工共同签署一个指导方针类的远程工作协议。一般来说内向者更喜欢用书写来交流，将工作协议转变为书面文件，就可用性和可交付成果以及办公时间所需的资源量而言，明确他们在办公室以外工作时的预期目标。

比如，协议中可以写明员工远程办公的时间段，他们在特定时间段内可以随时接听会议电话。作为一名公司决策者，你可以要求团队成员在某一天来公司参加面对面的会议。另一项规定可以是每周结束时提交一份工作报告，以确保问责制（见下一节有关问责制的更多信息）。

保有问责制机制

选择远程工作或让员工倾注更多的责任感在自己的工作上，比如，实时更新自己的工作进展，看看是否在这一过程中提高了工作效率。从各个方面而言，这都是对公司组织架构的好兆头。当员工养成了自我监管工作进度的习惯时，领导者就不需要再做更多的微观管理，而是把更多的精力放在公司大方向的确定上，从全局视野推进公司向更好的方向发展。另外，你公司的内向员

工或者其他一些员工，也会因为有自己的空间集中精力地高效工作且不被过分打扰而充满感激之情。

了解员工取得的成就并学会欣赏他们才是关键。为了防止员工远程办公后成就无法被识别，领导者需要发挥一定的创造力。比如，全球项目经理劳拉·戴维森（Laura Davidson）曾与多家《财富》（Fortune）100强公司合作过，每当团队成员和她通话时，她都会主动强调他们个人或者团队所做出的成功。这就让每位团队成员都能意识到，他们为了整个目标的实现所做出的贡献有多大。在交流过程中，劳拉会非常明确地告诉别人他们的"胜利"，以强调他们的工作对于整个组织架构来说价值有多大。这样做额外的好处是，能在团队中传播一种感激之情。

劳拉解释说："人们常说，'没有人关心你知道多少，直到他们知道你在乎多少'。这句话在人们觉得自己淡出视线而被大家忘记的时候，尤为适用。"

定期沟通

虽然这个可能不在你的远程办公条约中出现，毕竟很多时候不同团队和员工的时间是变动的，不在办公室的时候如何交流非常关键，定期沟通才能让内向的员工保持专注。

比如，多久检查一次他们的工作？以何种方式？是否运用公司的内网、短信、邮件或者电话？你和你的团队什么时间有空？你想要一个没有周末或晚上时间的沟通政策吗？这些考虑对于你监督团队成员的远程办公都极为关键。

作为一个领导者，你必须在过度沟通和让员工陷入孤立状态之间，找到一种平衡。你并不希望你的团队感受到你在微观管理。毕竟，如果员工（或经理）总是被要求在规定时间内立即回复消息，那么你所倡导的没有干扰的远程办公环境的价值就会降低。所以你要找到一个令你和对方最舒适的尺度。与任何一个新项目一样，通过定期相互检查来评估项目的进展情况，还是很有必要的。怎么做才能让你的沟通更加顺畅呢？答案是要灵活多变。（更多关于内向友好型交流的实践和政策，请参看第4章的内容）

建立关系

埃德加·沙因说：我们都需要"跨越组织的层级，更好地互相了解，更加亲密……摈弃官僚主义中疏离的角色扮演，以真实关系与沟通交流取而代之"。但是，当员工不在场时，这种"真实关系"就很难培养起来。

所以，需要采取更加明确的方式来了解彼此。

没有人喜欢在家办公的时候接听突如其来的视频或者电话，尤其对于喜欢有所准备的内向者而言，更是如此。所以，可以考虑定期安排与远程工作人员的一对一会议或者团队会议，抑或选择更随意的"拜访"，比如，一起吃早饭或者午饭，加强个人与职业生活的联系。我们都知道，内向者其实更喜欢那种一对一的谈话交流，这样方便他们提出问题和倾听，而对于外向者来说，他们更是喜欢这种私底下的沟通，能顺利表达他们的想法，侃侃而谈。这种亲密的会面也可以让员工了解公司的使命、愿景和价值观，让他们更好地继续自己的工作，并将自己工作的部分和整个公司的使命、愿景以及战略部署融为一体。

远程工作专家韦恩·特莫尔（Wayne Turmel）最近接受了"这样管理"（*Manage This*）播客关于虚拟团队的采访。他对于考虑何时远程见面以及何时聚在一起的建议是，"我们需要回到最基本的原则上去看，即需要做的工作是什么，最好的方法是哪一种"。

你的团队会对任何给予了大家周全考虑以制定相关政策的管理者感激不尽，比如，何时以及如何将员工召集在一起等问题。

协同工作空间的价值

协同工作空间是指不同类型的专业人士共同使用的主要或者次要的工作场所。对于许多远程工作者来说，协同工作已经成为"新常态"，因为它能够提供一个促进创新、协作和生产力的环境。

全球范围内共享办公空间的激增，源于人们对工作场所灵活性和真实人际关系的需求。似乎越来越多的公司和组织愿意为他们的远程办公员工提供这样的空间环境。很多远程办公的员工告诉我，现在他们在接受新工作或者升职时，会将共享办公空间的成员身份作为他们谈判的一部分。

协同工作空间通常由企业家和公司职员组成，他们渴望"共同的孤独"，这样可以在减少隔阂的同时集中注意力。即使在共同工作的咖啡站闲聊，也能打消他们远程办公过程中独自在家一整天的那种孤独感。

过去四年在亚特兰大的这段时间里，我一直是"漫游"（Roam）这个协同工作空间的成员，它为我和我的同事们提供了远比出租办公空间更多的服务。其中空间的核心价值观之一是，"以有影响力的方式来发展和更新我们的社区，重建不断奉献一生且有意义的工作，同时倾注所有以支持和鼓励我们的社区"。

通过自发地对话，自然而然地建立彼此的联系。我自己就非常喜欢了解和我在协同工作空间工作的这些完全属于不同行业的人，从医疗保健技术到非营利咨询，等等。我那些内向的同事也和我说，他们非常欣赏这种层面的办公方式，也喜欢锻炼在此过程中适时加入对方对话的交流能力。

随着共同工作空间的发展，他们也逐渐有了相应的主题形式。比如，"飞翼"（The Wing）就是这样一个空间，它已经扩展到了不同的城市，该空间聚集各地的女性力量参加不同的活动，也提供相应的工作空间。"集会"（The Assembly）是旧金山另一个以女性为中心的协同工作空间，同时也对外宣传为一个健康俱乐部，除了工作空间，它还提供健身课程以及各种各样的自我护理项目。也许在某一天，内向者也会发起他们自己的协同工作空间。

总结

实施远程工作可能会让人感到有点无所适从——你如何保持对员工工作产出的控制？另一方面，给予员工自由，让他们在自己选择的环境中实现自己的目标，真正可以提高生产效率，同时也是招聘和留住员工的一个具有吸引力的选项。想想它节省的开支！更少的专用工作空间意味着更小的办公空间和更低的租金。

尤其是对内向者来说，远程工作可以提供自主权以及不受干扰的专注时间，以便更好地完成工作。但是，离开办公室太久也会导致孤立，并且丧失一部分生产力。因此，为了让这些员工保持联系并在实现公司目标的轨道上前行，需要对可访问性、沟通和问责等参数进行周密的考量。

> **底线**：减少内向者在办公室工作的时间，并不意味着要降低他们与团队沟通的质量和频率。

让内向员工选择远程工作的五大注意事项。

1. 创建一份远程工作的协议，其中包含员工必须签署的定期可访问性、上班时间安排和责任问责项。

2. 要有意识地考虑如何以及何时与远程办公的员工沟通。我们发觉对公司或者企业来说，最大的挑战就是防止这些员工落入没有效率的孤立隔绝状态。

3. 定期安排一对一交流和团队会议以及尝试更随意的"拜访"，比如，吃个早饭或者午饭，加强个人和职业之间的联系。

4. 让远程办公的员工负责跟进自己的工作进度。尤其是你公司里的内向员工，会相当感激公司提供空间让他们能够更深入地思考，而不必担心受到各种惯性干扰。

5. 在团队和个人会议中，指出个人和团队的优点，让远程办公的员工所做的工作被大家看到。

第 **7** 章
搭建团队

当我在解决一个复杂的问题时，我希望有能力排除不必要的干扰，获得连续的时间，并且能被公司认可。我的公司会认为和团队的同事开会是一种解决公司问题的方式。他们并不认为给个人提供联系性、自我思考的时间也是一种解决问题的方式。

——2019年职场调研受访者

　　我曾经遇到过一个公司的团队，整个团队里有各种不同性格特质的人。有几个性格内向的人，也有几个性格外向的人，尽管我们有时候会发生冲突，但团队的领导者尤特（Ute）很擅长让每个人发挥出最好的一面。她意识到每个人的需求并熟练调和了大家彼此的分歧。

　　当时的情况是这样的：我记得有一天，我被同事的沉默激怒了。尤特注意到了我的肢体语言和面部表情，并在会议安排的休息时间里跟着我出去，建议我把重点放在我同事为推进整个团队项目所做出的贡献上去。我反思了她的话，自己也冷静下来并注意到了那个内向同事的价值。她的确是对的，对方的逻辑思维能力、流程图思维引导是使我们整个团队成功很关键的部分。有时候，真的很难通过大家的不同性格看到这些闪光点，但当我们尝试去看的时候，会发现其中的魅力。

　　考虑一下，当员工们合作进行头脑风暴并互相补充能量的时候，成果很有可能近在眼前。早在20世纪80年代，企业领导人就加入了"团队—生产—结果"的行列，团队工作方式迅速普及。如今，你的主管很可能是你的"团队领导"，你的工作组就是你的"团队"，你的工作站可能是开放式的，你们大概率会挨得很近。应聘者通常要经过团队所有成员的审查，会议也是每天日程的一部分。

衡量一个团队高效与否的标准是它"是否满足成员的需求"。按照这种思路，管理大师和高产作家帕特里克·伦乔尼（Patrick Lencioni）讨论了"团队协作"的意义。2016年，他撰写了理想团队成员的三大特征：他们需要求知、聪明以及谦虚，其中谦虚这个特点包括分享集体荣誉而不是个人意义上的成功，这是最常与内向者联系在一起的品质。虽然内向的人很有可能成为"最理想的团队成员"，但他们安静、谦虚的贡献往往被忽视，被淹没。

在这一章，我们会探讨团队领导者和团队成员应该运用哪些策略来确保他们内向的同事能够被倾听和认可。我们还会讨论内向者个人工作的价值，领导者要在团队中找到适当的平衡，让所有团队成员发挥最大的作用。首先，让我们试着剖析一下，为什么一个团队需要有各种各样、不同性格特征的队员。

多样性网络结果

跟我合作过的很多科学家以及研究工程师，都强调过团队中多元思考方式和多角度思考视角的重要性。实际上，我的研究发现，"天才对立"团队——也就是那

些内向和外向之间保持平衡的团队——在一起取得的成就比单个成员单独取得的成就，要大很多。就好像有一群人只能看到近处，而另一群却只能看到远处，当你把他们混合在一起，那么整个画面就逐渐清晰起来，突然之间，你可以采取任何一方都无法单独采取的行动。这两种人群合作的可能性不仅对个人来说很棒，对整个工作场所来说也非常好，能够提高士气、超额完成公司目标并且从满意的工作中获得快乐。

在整个组织和职能部门，参加我的研讨会和演讲的人对于他们为什么想要更多地了解内向者和外向者有着相似的回应：他们想要从每个人身上获得或者学习到更多的东西。

"如果我们把好点子留在桌面上，公司就会失去价值！"在本书引言中首次提到的默克制药公司的高管卡罗林·麦格雷戈说。作为一名内向的领导者，她意识到包容性团队的商业价值，她想要回答这个问题："如果不听取内向者的意见，我们会错过什么？"

有很多方法可以让领导者打造一个健康的团队文化，充分利用内向者的力量。例如，虽然内向的人可能不喜欢团队会议，但它为领导者和其他团队成员提供了无数机会，让他们成为保守同事的盟友和支持者。在

《2019年职场调研报告》中，约50%的受访者表示，他们并没有看到大家做出任何努力以让内向型员工融入会议中。这种状况令人担忧，但我们会找到解决办法。

领导者和团队成员需要集中注意，确保内向者的需求，让他们真正融入会议中。以下是我们采访"意识内向"的领导者时发现的13个实用策略。看看你可以应用哪些方法。

利用内向者优势的团队会议策略

1. 实施一分钟规则　这条规则要求每个团队成员就他们关注的一个与工作相关的话题，发言一分钟。我们采访的一位科学家安排了会议，让每个人都有机会在同样（短）的时间内发言，确保内向者和外向者有同样的机会发言。

2. 发放带问题的前期准备工作　医疗保健非营利组织的一名主持人分发了她希望人们在会议上考虑的问题，而不是仅仅发送一份议程。这些额外的思考时间让团队中的内向者在实际会议中能更积极地参与进来。

许多领导者认为，要想让内向的人发挥最大的潜能，事前工作是必要的，因为它会让内向者提前做倾向性的准备。

3．**让每个人发言两次**　在她主持的每一场会议上，一位善于管理内向者的领导会记录人们发言的频率。她的目标是让每个人至少发言两次。如果他们不能自己说出来，她会向与会者提问，这样她就能在会议中实时了解他们的想法。

4．**配对**　"现时服务"（Service Now）的首席人才官帕特·瓦多斯（Pat Wadors）通过配对的方式让员工组织会议，使会议更具包容性。例如，她会让现场会议的一名参会者"收养"一名远程参与会议的团队成员。他们可以通过聊天或者Slack等程序私下联系，查看远程团队成员是否需要更多的解释或者背景信息。如果对方想要发表评论但无法加入现场对话，现场的团队成员也可以为远程人员辩护。帕特发现，如果她的团队成员由英语不是母语或者像帕特一样性格内向、需要更多时间处理信息的人组成，这种会议方式尤其有用。更重要的是，配对制度有助于增加团队成员之间的同情和理解，并建立一对一的关系。

5．**接纳所有的观念**　内向者在没有充分组织好语言表达自己思路的时候，是不怎么想直接说话的，这也是为什么他们在会议中发言较少。作为一名内向领导者，帕特·瓦多斯学会了减少对她自己的自我审视；现在她听从了教练的建议，如果她发现自己在会议上反复想到某个点子达到四次以上，就用语言表达出来。"我让人们用1~10分来衡量我的想法的'成熟'度，如果我给出的想法在5~6分，那么不要惊讶，我会再收集各种数据，然后再次重复表达。"帕特说，她给内向者团队分享了这种方法，希望大家也能以此训练，大胆一些。

6. 建立团队约定规则 邀请团队成员一起讨论和制定一些规则，也就是说，建立一套行为准则，确保团队顺利运作且团队成员满意。把制定出来的方案，放在实体会议室显眼的位置或者虚拟会议的聊天室里并置顶。

7. 评估团队 测量团队文化可以为内向员工创造一个更开放和包容的环境以分享和合作。人才总监、组织专家麦克·希尔（Mike Hill）发现，使用一种名为"转换"（Shift）的工具，可以让团队更容易围绕不断涌现的问题展开对话。该工具评估了关键的团队文化元素，如信任和决策等，并允许团队深入研究为什么在某些领域得分偏低或偏高，然后制订行动计划以解决这些问题。

麦克回忆，某个团队有一次发现关键决策者的一次缺席阻碍了会议的进展，有了上面提及的信息储备，他们可以临时找到与会合适的人选，让会议进行下去。

当你可以使用评估来生成团队运作的相关数据时，你就为讨论创建了一个新的跳板。尤其是团队中的内向成员，就能有时间进行反思并在会议中做出更好的贡献。

8. **创建团队成员用户手册**　考虑创造一种技巧，即让团队成员编写他们自己的用户手册，帮助其他人更好地理解他们倾向于如何工作更好。这里面包含了合作方式、一天中团队的工作和独自作业的理想时间规划、他们的行动动机和压力源以及他们在工作中和休息时间的兴趣和爱好。从我的客户群体来看，制作用户手册似乎越来越流行，我相信这对内向者而言是非常好的工具，毕竟内向者也更喜欢以手写的方式交流，团队其他成员也能因为这样的手册而更了解他们。

9. **组织一些非工作的社会活动**　一位技术部门的领导者跟我说，他会在某天下午的晚些时候执行"游戏时间"，作为团队建设活动。结果他发现，这样的活动除了加深团队彼此之间的熟悉程度，对于许多不经常参加会议的人来说，游戏时间让他们彻底放松下来，自在地讨论自己的工作。他说，通过环境的改变，"随机的技术评论"出现了，他能在此期间了解更多团队和成员们的工作情况。不管这是活动时间还是组织服务项目，又或者是其他任何社会活动，非工作的团体活动都能让内向者敞开心扉，打破交流的隔阂以及屏障。

10．分配角色　为了让所有的团队成员都参与进来，另一个可靠的会议实践就是给每个人分配角色，比如，记录者、协调人和计时员。人才和组织发展总监艾米·柯蒂斯（Ami Curtis）在制造业中使用了这样的方法。她见证了其团队成员在这种方式中，承担了更多的责任并获取了技能和信心。

11．考虑两个人组成的团队　内向者往往倾向于一对一或者小范围的团体，而不喜欢大的团队。也许除了所有人都参与的大型会议，可以考虑将你的团队拆分成小的部分。两三人组成的团队可以聚焦某些特定的任务，还能自行掌控节奏。鼓励这些小团队参加步行会议，也会让内向的团队成员更容易畅所欲言。就像我们在第3章提到的领导力技能，一边散步一边聊天能让内向者自然而然地说出自己内心思考良久的各种想法。

12．写出来　"头脑写作"是一种典型的内向友好型想法生成的技能，个人把概念写下来并以书面的方式分享给大家。每个人都有机会提出他们最深思熟虑的想法，团队就此展开讨论。这种方式重视反思性输入，并确保每个人的贡献都能被记录下来。

13. **促进透明度**　考虑使用设计或者系统图让内向和外向的员工都参与进来。这属于一种"综合表达，在一个框架中显示服务交涉中所有不同的参与者以及他们之间的彼此联系。"（包括材料、能源、信息、资金和文件的流动，等等）可以把这张图张贴出来，并允许任何人实时创建或者移动它们。

什么时候团队不是答案

当时我在一家公司的休息室里吃三明治，无意中抬头看到一张贴在墙上的海报，上面画着一群年轻、精力充沛的桨手，以完美的同步动作划过水面。很可能你也知道这幅海报，标题写着，"团队合作中没有那个'我'！"

当然，也许有些时候的确应该是这样。

团队合作需要很多人互动，这可能会给内向的人带来巨大的能量消耗。对他们来说，通过一定时间的独处和回神才能更好地和其他人交流。如果让他们持续和人打交道，他们很难获得独到的观点。内向者需要独处的时间来审视自己和反思别人的立场，从而和对方产生共鸣。

当人们相互合作、集思广益、大声表达和思考并吸取他人能量时，这本是一件令人兴奋和富有成效的好事。但是，在我们热衷于促进彼此合作的时候，是不是遗忘了那些凭借自己力量完成优秀工作的人？我们是不是走得太远了，而忽略去保护独立思考和独立时间带来的巨大价值和创造力了？

毫无疑问，独处能够带来高效的创造力。这样的顿悟时刻是历史上许多科学和技术发展的关键，比如，格雷丝·霍普（Grace Hopper）设计计算机语言COBOL[①]以及爱因斯坦提出相对论。想想你自己之前充满创造力的工作场面。有多少次创造力是在和别人交流的时候迸发的，而又有多少次是在你独自工作梳理和表达的时候迸发出来的呢？

所以，如何创造一个平衡两者关系的工作环境，既有团队合作又能独自相处，就至关重要了。以下是一些建议：

安排独立工作时间：最近，微软的一项调查显示，他们鼓励工程师和非管理人员在日历上自行安排时间，确保自己能在会议"膨胀"的环境下，在平时晚上和周

---

① COBOL语言是一种面向过程的高级程序设计语言，主要用于数据处理，是国际上应用最广泛的一种高级语言。COBOL是英文Common Business-Oriented Language的缩写，原意是面向商业的通用语言。——译者注

末独立和专注地做事，如果标示出了这些时间，其他同事也就不再可能被要求在这段时间开会。

利用技术：并不是所有小组项目都需要单独开会来完成。交互聊天工具，如Slack或者日程管理软件Trello抑或谷歌的Docs这样的文件共享程序，都可以利用起来，让你的团队既有独立思考的时间，也不耽误协作。

为个人创造行动步骤：并不是每个项目在其生命周期中都需要每个人的全情投入——事实上，对共识的过度依赖反而常常削弱最终产品或可交付产品的质量。建议采取让个体独自完成工作的行动规则。如果有必要，也可以单独和对方讨论或者组建短期工作小团队。

总结

正如老话所说，团队合作能让梦想实现。在很多案例中，这就是事实。当人们团结一致面对难题，毫无疑问，能量和创造力就会汹涌而至。内向者和外向者同样都会从团队合作中受益，各自表达不同的想法和观点。但是对于你团队中的内向者来说，一味地倾听团队中总是高声发言、主导会议的那位表达者会非常痛苦。作为一位领导者，你的工作是开发团队中所有成员的潜力，引导大家都做出贡献，这就意味着，要灵活地满足那些相对保守的员工的需求和偏好，确保他们的声音也能被听到。这也同时意味着让他们有必要的独处时间，有充分的时间做会前准备，让他们对自己的贡献感到踏实，还能在会议结束之后有时间反思，以便处理和采取相应行动。

底线：一个充满生产力的团队能让团队里所有的人都发挥作用，以自己想要的方式进行充分表达。

利用内向型团队成员力量的五个要点。

1. 确保每个人都有机会在会议中做出贡献，无论这意味着是分配角色、时间、话题还是创建一个大脑写作系统。

2. 除了议程之外，提前把会议中需要讨论的问题分发给员工，清楚地表达所有的回答都值得赞赏，在具体实施之前，不需要做多么充沛的陈述。这个世界上没有坏点子！

3. 要求团队成员编写他们自己的用户手册，详细说明个人的工作和协作偏好。这将使人们学会如何以最有效的方式，在有效的时间里和他人沟通互动。

4. 给内向的人一些社交和团建活动的机会，鼓励他们在工作问题上畅所欲言。

5. 评估团队文化，测评哪些领域可以改进，比如信任度或者决策力，创造一个更为开放和包容的环境，让每名队员都能充分做出贡献。

第**8**章
加强学习和发展

有些公司的部门实际上也逐渐意识到了内向性格特质的存在，但是公司的高层管理者并不觉得这个问题值得探讨和认真对待。因此，一些部门得到了相应的训练并做出了改变，另一些则忽略了这个问题。我希望整个公司的组织架构能够在这个问题上从上到下保持一致，而不是仅仅只有一些部门意识到。让高层管理者确信和相信内向性格特质的意义，对任何公司或者组织架构都是非常重要的一件事。

—— 2019年职场调研受访者

　　我永远都忘不了那一次我站在一家酒店的会议室要为30名内向的机械工程师讲授领导力课程时的情景。从他们的反应来看，你会以为我们是站在葬礼的棺材旁边，等着棺材被放到地面，整个氛围一片忧郁且沉默。

　　我用尽办法想要得到一些回应：问更多的问题、讲述故事、越发地健谈和活跃。但是整个氛围还是没有任何变化，我感到很挫败，好像无论如何都无法打破那种冰冷的气氛。我知道他们也感同身受，或者至少他们也对我千方百计地试图引起他们的注意迷惑不已。

　　快进到五年后，我和一个由三十多名机械工程师组成的新团队再次出现在同一个房间里。他们说笑自如，谈笑风生，甚至被酒店服务生告知我们的声音已经影响到了旁边的会议室！

　　可是为什么间隔五年的时间两个班的差距会这么大？

　　我想这五年我改变最多的地方就是开始注意到团队中的内向者，并且能够运用各种方式与他们沟通了。我想更多地运用我所掌握的信息和材料以帮助他们和同事沟通。幸运的是，我尝试了一些可以用来丰富内向者学习经验的方法。

　　在这一过程中，我把学到的东西运用在了我的课程设计和教学中，帮助我和各种不同性格特质的人打交道。我会在这一章分享这些课程，不论你在组织里属于什么样的角色，你都可以运用这些方法帮助你的公司。

学习和发展状态

首先，让我们来考虑一下培训课程目前的功能，也就是今天通常所说的学习发展（Learning Development）状态。学习发展一直以来都被企业认为是至关重要的部分，不过人们普遍认为，花在培训课程上的钱是一种消耗品，也产生不了多长远的影响。比如，网飞前首席人才官帕蒂·麦考德（Patty McCord）认为，钱花在技能培训项目上不值得，还不如花在了解公司的基本业务上。

很多其他的领导层，尤其是公司里的人力资源部门，认为加强培训能够给团队带来公司文化氛围的稳固或者改变。比如，之前提到过的雪莉·布拉夫，利用迈尔斯–布里格斯性格类型指标测试的培训课程，激发人们围绕内向性格以及整个组织的领导如何管理等话题展开对话。

我觉得谢莉尔的做法很有道理，不管是属于学习与发展的哪一种类型，过半的培训者几乎都是内向性格的人。如果你想要最大化发挥你公司员工的工作潜力，那么学习如何强调内向意识，提供针对内向者的有效果的培训模式非常必要。

内向意识培训

我希望大家能够停一停，然后进入更深入的交流和讨论环节，而不是拿着自己的观点和对方唇枪舌剑。让我们从建立自我和他人的意识开始，建立彼此的相互尊重。迈尔斯—布里格斯类型指标团队会议和一个优秀而包容的协调人是我们走向成功的关键。

——2019年职场调研受访者

为了教育人们什么是内向特质，我们公司开发了主题演讲和深入细致的培训项目，并将内向性格坚实地植入多样性和包容性的举措之中。比如，我们会和内向的领导者进行内部的面对面访谈、圆桌讨论、读书讲座以及网络研讨会等。就像谢莉尔所倡导的，我们与一些组织合作，激发人们，让他们意识到内向者所拥有的优势以及面临的挑战。我们也落实解决方案，提供方法帮助内向的领导者和有影响力的人营造他们天生安静的优势，而不是迫使他们变得更加外向。这些演讲和培训项目也是为了帮助领导者们更加灵活地发觉内向员工的需求，让他们的办公环境和公司氛围对内向者更为友好。

我们目前所看到的情况是，还是有很多外向性格的人对参加这种类型的课程缺乏兴趣。一个看似合理的解释是，在一个偏好外向型的工作环境中，外向的人根本感觉不到内向的人所面临的痛苦。在一家企业中，我们大力推广"对立天才"课程，其内容就是让外向的人和内向的人能够形成强有力的合作伙伴关系。尽管之前专注于内向型领导能力的课程入学率很高，但是在天才班，外向者几乎就不怎么出现。

然而，两个关键的趋势给了我希望，外向的人越来越有兴趣在他们的工作中融入和满足内向者的需求。首先，我外向的客户告诉我，他们在自己的生活中看到了内向意识训练的实际应用场景。比如，与自己性格截然不同的伴侣、抚养的性格迥异的小孩，等等。当见解和想法（字面上）击中要害时，人们会倾听，他们对生活的敏感和意识会渗透到工作场所。

另外，内向者开始在团体内部提出更多相关讨论。他们在培训中学到的想法和行动会出现在会议、招聘和工作场所的相关设计中。当全公司范围内的人都开始关注内向特质并出现相关书籍、读书俱乐部和员工资源组

（Employee Resource Group，ERG）时，企业中其他人的好奇心就会被激发出来。随着更多的领导者致力于在多元化方面进行投资，对这些培训和学习的支持会逐渐影响整个公司的文化。

内向者的培训：什么是行不通的

尽管对大约过半的内向员工进行适应性培训有明显的好处，我们内向友好型职场调查的受访者仍然指出，培训项目还是很少考虑到他们自己的学习喜好。比如，只有34%的人表示，他们的企业在培训期间提供过相应的讨论和反思时间，但对内向者来说，这是吸收新信息的必要活动之一。在本章中，我们将探讨传统培训项目的其他特点，这些特点会使内向者的培训效率骤降，比如小组工作、仓促交付以及完全由外向者主导对话节奏，等等。

浅显而快节奏的小组工作

受托尼·罗宾斯（Tony Robbins）等励志演说家的影响，在开会类型里面，很多超负荷会议非常受欢迎。但是这种学习和发展模式，往往针对的是外向型人格的人。在最近一次我参加的会议活动中，我发现麦克风上有很多明显的指示，指导大家如何认识新人，如何快速互动，这很有效率，但是往往缺乏深度。一位参与者就表示非常焦虑，我听到他压低声音说道："这太过分了"。经过主持人几轮明显的打断，比如，"时间到了，走向你下一位伙伴!"我亲眼看见很多参加者偷偷离开了房间。我的猜测是，这些离开的人中绝大部分应该都是内向性格的人。

仓促交付

很多培训课程总是在培训的时候尽全力塞满各种信息和步骤，并传递出一种错误的概念，好像他们给得越多，人们学得就会越多。实际上结果适得其反。过载的信息量会导致培训师非常匆忙，填鸭式的输出引起参与者的焦虑情绪，对内向者而言更是如此。一般来说，我们建议培训师准备一些有吸引力的支撑性材料，一次性专注于三到五个目标。

允许外向者主导

我们都曾经在课堂上遇到过这样的情形：某些参与者过度参与，给其他人留下很少的发言空间。结果就是，团队训练和会议变成了一对一的，即培训师和某位

参与者的单独对话，而忽略了其他没有发言的、内向的参与者。理想情况下，主持人应该知道如何管理表达过多的参与者，并吸引更内向的团队成员参与进来。但不幸的是，许多人在控制这些夸夸其谈的人时往往表现得犹豫不决，或者不知道如何优雅地做到这一点。

内向者的培训：怎么才有效

就像是一个写得很好的电影剧本，好的训练项目之所以有成效，一定是因为其中的精巧设计。如果你是一位外向的人，那么让内向者进行培训设计，反之亦然。是否整个过程中一对一的单独交流过多？案例研究？模拟？反思和处理所学知识的时间是否合理？

我举一个很有创意的程序设计案例，对于那些喜欢深入思考而不是泛泛而谈的内向性格的人来说，这是相当成功的。我们有一组学生，在为技术专业人士开设的通信课上做练习，要求在三天的时间里设计一艘宇宙飞船。这个练习旨在鼓励参与者将我们教授的沟通和团队合作的概念运用到实际项目中，并在他们参与创造有形的东西时建立彼此的信任。团队的合作方式非常理想，因为我们允许内向的学生既可以自己埋头独自设计，也可以小范围相互合作，分享观念。

下面是对内向者来说很有成效的具体训练计划，进一步探索包括：提供训练前的准备工作、了解你的听众、创造一个受欢迎的感官计划、允许有起伏以及让他们把它记录下来。

提供训练前的准备工作

内向的人擅长准备，所以在上课前向参与者提供材料，充分利用这一优势，比如，阅读性材料、小测验以及与材料相关的挑衅性问题。内向的人喜欢事先有充分时间进行思考。

我认识的一位培训官喜欢提前发放一份小的问卷，并在会议的开始宣读和总结问卷调查的结果。这种提前筹备的一个好处，是培训官可以在训练的一开始就深入学习材料。因为一些"基础"的信息已经铺垫好，主持人就可以更深入地讨论主题，对内向者来说就非常友好。

主持人帮助参与者为会议做准备的另一种方式，是告诉所有参会者可以事先向他提问。很多次我都是这样的，它带来的额外好处就是辅助我根据对象定制相关内容，并且顺利解决人们遇到的具体问题。我的一个同事喜欢创建一个共享文件夹，供参与者提交他们的想法。很多喜欢书面交流的内向者非常喜欢这种方式。

作者帕特·麦克拉根（Pat Mclagan）写了一篇关于学习心态的文章，包括在快节奏的世界里如何花时间反思和学习。她建议在学习新知识之前做一次自我测试，增加好奇心和注意力。

了解你的听众（让他们也能了解你）

谁在这个班里？他们的角色是什么？他们的年龄、性别、国籍以及文化背景如何？谁是内向的，谁是外向的，谁是中间性格的呢？他们所在的企业都在发生什么？

在准备培训课程时，我曾与一位参与者交谈，他告诉我，他们在五个月之内换了五个老板，这就是一个非常典型的例子。这告诉我可以在小组讨论中探讨更多适应性和改变能力的话题以及如何让这些参与培训的人做好面临挫折的准备。当人们需要时间来宣泄的时候，我自己是有备而来的。

虽然我并非是一个喜欢早到的人，但我也相信提早到达会议现场可以让我一对一地和参会者事先交流。这会让我冷静下来并且做一些提前准备的工作，做到与内向者能量同步。我可以在会场上四处走动，与分散在座位上的人聊天，下意识地记住几个名字。如果是线上会议，就利用聊天框和虚拟休息室和学生们互动，促使他们之间产生互动交流，比如问"你今天在哪儿"，这是很好的破冰方式。

要想达到和谐共处，极有效率的方式之一，就是讲述个人故事，尤其是对于安静一点的班级成员而言，讲述有趣的个人故事是个好方法。其中对我而言最幽默的一个故事，就是告诉他们当我不能让我的内向伴侣比尔说话的时候，我就开始对自己的婚姻陷入质疑状态。我不断扪心自问比尔到底怎么了，而他也许只是需要一点独处的时间来充电而已。在那个时刻他只是想让我安静，或者像我孙女伊娃说的那样，"在你的脑子里自己跟自己对话"。

我经常在相关的项目培训中发觉，内向者和外向者在说不同的语言。实际上我在对话中加入了让大家产生共鸣的场景，有助于我在培训交流的初期顺利和他人建立联系。我也试图结合卡通或者一两个道具来营造一些轻松而幽默的氛围。不管是什么样的演讲，营造一个舒适的氛围将有助于吸引内向者和外向者。

创造一个受欢迎的感官环境

说起舒适的氛围，在第5章里我们谈到内向友好型的办公环境设计时，曾讨论了管理内向者感官环境的重要性，因为他们往往对噪声和光线都比较敏感。报告显示也同样如此，给内向者一个房间，搬开房间里的桌椅，让他们能有空间来呼吸和调整自己；确保房间的灯光不要过亮；调整话筒音量，不要听上去太高亢刺耳。这些细节能增强你的项目成果，为内向的人构建最佳体验，每个人都能从中受益（即使是外向的人也讨厌头顶上刺眼的荧光灯）。

允许有起伏

就像音乐会通常是慢歌和快歌相互交织而成，培训师在他们的培训会上也要考虑到节奏问题。在提供培训的流程中融入多样性将有助于每个人——内向者、外向者和中间性格者——从他们接受的培训中最大地受益。

在我自己的训练课程中我需要注意的是我的演讲节奏。一个外向者最常用也最简单的方法就是停下来呼吸！我也会提供足够的休憩时间，让人们不管是从生理上还是心理上都能舒展和放松。我的全天培训都会在早上、中午以及下午给出休息时间。而且在其他时间，我也会腾出一些短暂的休息时间。我的一些内向的学生们非常喜欢这样的节奏，他们可以利用这些时间离开人群视线，重新给自己积蓄能量。如果是半天的课程，一次短暂的中场休息也是必要的。

让他们把它记录下来

内向者们往往喜欢用书写来表达观点，他们觉得这样更舒适，很多时候，我都让参加培训的人员在一节课之后，记录笔记并复习。另一个提高大家参与度的实用技巧，是让人们把问题的答案写下来，然后再大声说出来，这很像我们在第7章讲到团队搭建时所说的头脑写作法。我发觉这种方法能让大家更踊跃地参与其中，比我随机提出一个问题并得到一些随意的答案效果更好。另外，写下来也能让内向者和外向者都能给出更有深度的想法，充实的答案非常利于整个团队的学习。

适合内向者的全新学习方法

"邀请"（Invati）咨询公司首席执行官、学习专家克里斯特尔·肯达起亚（Crystal Kadakia）和培训设计策略（Training Design Strategies）公司总裁丽萨·欧文斯（Lisa M.D.Owens）认为，我们需要改变学习的思维方式以适应数字时代的新环境。当前，学习者想要立即得到答案，会依靠各式各样的来源获取答案。他们的环境变化迅速，学习需求变化更快。

　　越来越多的组织，如美国管理协会和谷歌正在订阅学习管理系统，提供大量的主题和类型课程，满足大家不同的学习偏好。对于很多现代学习者尤其是内向的现代学习者而言，会更喜欢在线课程，因为在线课程可以让他们按照自己的节奏和时间框架进行自学。此外，如果他们愿意，也可以自由地选择深度学习。

　　但是，内向的学员并不是唯一从虚拟的学习与发展中受益的人，内向的训练者也是如此。就像肯达起亚指出的，"很多内向的人在课堂上可能不是很好的引导者，但实际上他们是很棒的主题专家"。虽然网络研讨会和虚拟课堂确实需要控场技巧，但这与动态变化的线下课堂有所区别。网络培训师可以在没有迎合现场观众的压力的情况下分享他们的内容。

　　随着技术的快速发展，创造性、低成本的培训方案正在涌现，让公司能更容易地以尊重内向者和外向者的方式发展员工。约翰·阿尔德曼（John Alderman）是一位颇有远见的领导者和公关主管，曾在艾奎法克斯（Equifax）等公司工作，他坚信学习发展培训能够对他的员工们产生影响。尽管没有经费支持，他公司里的内向型员工还是能从他创造性的方法中获益匪浅。

　　例如，当约翰在佐治亚国民警卫队（Georgia National

Guard）工作时，他就决定着手与组织中的高级领导制作短视频，以便他们可以分享相关的领导经验和教训。这些容易理解的对话提供了很多可教化的时刻并深受喜爱，很大一部分原因是内向者可以在自由的时间里，以自己的节奏自由地观看这些内容。

为了在整个组织中进一步传播学习，约翰开始给他的团队成员分配撰写500字左右有关领导力书籍的评论的任务，并鼓励其他领导者也参与其中。每个人的评论和回复会被分享在卫队杂志上，或者发布在他们的官网以及社交媒体平台上面，以获得更多的关注量。这也就意味着，以前默默无闻的员工，尤其是内向的员工，现在因为所做的贡献而得到了相应的署名认可和展示的机会。

在他最近创建的一家公司里，约翰和他的员工建立了一个非常内向友好的研发实践，他说这是他在军队里学习到的。"我们每次的会议都以五分钟左右的简报开始。你分享一个概念，对这个概念表达个人看法，并说明这个概念具体能够如何运用在我们的公司里。"约翰解释说。这就帮助他的那些不太愿意主动分享自己观点的内向员工可以在低风险的环境下，尝试练习演讲和表达。而整个团队的其他成员也能因此而听到更多新鲜有趣的观点。这个例子就非常明显，约翰总是在不断尝试让更多的内向员工加入他的探讨中去。

总结

当学习发展支持公司的文化和商业战略时，它能在吸引员工和提高绩效等方面发挥关键作用。当企业的员工中超过一半人被认为偏内向性格，那么任何培训项目要想成功，都需要重点考虑这个群体的学习偏好。比如，给予大量的提前准备时间，多次中途休息以及笔记作业，等等。当然，创建面向内向者学习与发展项目的第一步，是要让引导者和其他公司的领导意识到，在他们的组织中，内向者是普遍存在的以及常见的内向特征是什么样的。为了达到这个目的，公司应当鼓励整个公司的员工都做一下个人性格测试，比如迈尔斯-布里格斯性格类型指标测验，在搭建多元化和包容性的培训模块时，要包含对内向群体的关注和意识。

底线：了解你的内向听众，相应地调整你的培训计划，会提高你的培训内容的有效性。

让学习与发展项目适用于内向者需要考虑的五大因素。

第8章
加强学习和发展

1. 训练培训师熟悉内向特质以及了解内向性格的各种偏好。

2. 事先给参与者提供足够的资料，让大家能在开始培训时，对手头的主题感到舒适自在。

3. 提升培训课程的物理环境的舒适度：温和的光线，适当的麦克风音量，舒适的座位和空间。

4. 给予内向者充分的时间和空间发言（比如，适时的中场休息，让他们能反思和消化，让参与者在发言之前动手写下回答内容）。

5. 提供灵活的、创新性的线上网络培训课程，允许内向者按照自己的节奏，在自己的时间计划中自由学习。

第 **9** 章

创建内向友好型职场环境，
一次一位推动者

我成长于一个相对来说喜欢喧哗、喜欢频繁用语言交流的家庭。我们住在纽约市外肯尼迪机场的跑道附近。一天中的起降高峰期正好是我们四个坐在饭桌上吃饭的时刻。当飞机逐渐靠近，引擎轰鸣，我们依然不会停止说话，而只需要提高说话的音量。后来我们发觉每次在当地的中餐馆吃饭时，经理都会把我们放在一个单独的房间以控制我们说话的声音，但大家甚至觉得这非常好玩。

不过，我们四个也不会随时随地都大声喧哗，也会有安静的时候，比如，全家去当地图书馆看书等时候。我的父亲，阿尔文·博瑞兹（Alvin Boretz）很多年来一直担任总裁和董事会成员。对他来说，图书馆是个神圣的地方，我们必须压低音量，安静地看书，沉浸在孤独的幻想中。

就像我的原生家庭在安静和喧哗之间时不时地切换，我希望企业也能仿照这种形式。正如这本书里谈及的内容，公司需要让内向型人格与外向型人格的人都能充分发挥能量、茁壮成长的运行结构。这才是我们释放每个人才潜能的最好方式。

我知道形势正在改变，我也看到工作文化总体上已经朝更多包容性的方向发展。当然，我们也需要继续创造对内向者友好的工作场所，保持这种积极的势头。当你往前迈进的时候，不要忘记你所做的每一小步都有可能真正意义上让改变发生。

你的下一步

第一步请完成第1章的问卷，帮助你理解你所在的公司是否是内向友好型的，哪些领域应该首先去关注和重视。一旦你意识到了问题所在，就可以通过采取以下步骤来实现你所希望看到的转变。

开启对话

对话开始，提出关于内向者意识和包容性相关的话题。提醒人们团队里可能接近一半的员工都是内向性格的人，而他们的偏好也许和商业世界中偏好外向型性格的主流文化背道而驰。在各级和各职能部门，选择能够进一步播下该意识种子的人选。针对你所在的公司，列出以下问题：

"我们是不是在给他们做贡献所需的时间和空间之前就放弃了他们？"

"在回答一些重要议题的时候，我们有没有给予他们充分的准备和反思的时间？"

"我们是不是确保了每个人都有机会在会议里发言或表达想法?"

从工作的时候意识到内向者的存在开始,很多事情就会发生逆转。比如,一名参加集体静修的参与者举手,要求给房间里的内向者们提供充分的时间以考虑被问到的问题。培训师停顿些许并允许有一个短暂的休息时刻,当会议再次开始之时,得到的回答更加丰富多彩,这和典型的外向者的回应方式不同,外向者的反应很快且回答往往是即兴演绎式的,相对缺乏深度。

有意识地强调内向者的需求

仔细研究引言中的七个关键功能,确保你是在亲自解决内向的问题。你可能需要制定一些指导方针以做到这一点,比如,为会议建立新的基本规则,在面试安排中插入休息时间,为不需要开会的工作腾出时间。

研究中不要忘记内向者视角

搭建更包容的办公环境时,要考虑到内向者的需求。尊重内向者对书面交流的偏爱,通过私下的问卷调查,让员工写下他们认为最有助于他们工作表现的办公场所改善措施。然后分小组细化和深入挖掘细枝末节的部分，以此充分了解他们的诉求。

鼓励团队重点关注内向特质

使用性格测试或检测表来确定团队成员的性格与风格，在此基础上讨论每个团队成员的工作偏好，确保团队成员能够把以下问题铭记于心：

"团队中的内向成员能否为自己发言且让其他成员明白他们的需求？"

"外向的员工能调整自己的行为以适应内向的人吗？"

让高层领导加入

让高层领导加入关于内向特质的讨论中，确保关注内向特质成为企业或者公司的优先考虑事项。避免因将其添加到现有的程序中而被忽略。让内向性格的领导者们分享他们的亲身经历和故事，分享因自己内向的性格特点在职场中遇到的困难和经验。榜样会给周围人带来巨大影响，有助于消除内向的污名。内向性格的领导者还可以成为变革的强有力的推动者，只要他们承认自己是谁并自豪地贴上"内向"的标签。

总结

为营造内向包容环境做一位美丽的助推者，是一件双赢的事情。内向的人可以在他们最能发挥水平的地方获得归属感，从而获胜；企业想要获得成功，就必须创造一个能够激发所有员工潜能的环境——而不仅仅是那些如同吱吱作响的轮子一般高声输出、大声领导的环境。实际上，当你努力创造一个对内向者友好的职场环境时，你就是在为你的组织建立长期的成功。这是一个我们都可以实现的美好愿景。

| 致 谢 |

首先，我要感谢我挚爱的亲人：露西尔·博瑞兹（Lucille Boretz），比尔·康维勒（Bill Kahnweiler），林德赛·戈德伯格（Lindsey Goldberg），杰西·康维勒（Jessie Kahnweiler），亚当·戈德伯格（Adam Goldberg），伊娃·戈德伯格（Ava Goldberg）以及米勒·戈德伯格（Millie Goldberg）。感谢你们对我无条件地支持和爱。我们互相分享彼此的成功，当有需要的时候，永远站在彼此的身旁。没有你们就没有这本书，你们的存在让我的所有努力成为可能。

献给已经去世并为后来者铺平道路的那些人。你们给予我骄傲、爱和希望：阿尔文·博瑞兹，露丝·康维勒（Ruth Kahnweiler），路易斯·康维勒（Louis Kahnweiler）以及阿丽娜·加森（Arline Garson）。我非常想念你们，你们一直在我心里。

我对伯雷特·克勒非凡的团队深表感谢，尤其是已和我合作12年的编辑斯蒂文·皮桑特（Steve Piersanti），在我们不断探索新领域的过程中，他发挥了重要作用，帮助我提升了工作能力。献给吉旺·锡瓦苏布拉马尼亚姆（Jeevan Sivasubramaniam），愿我们友谊长存。

感谢我的智囊团队，佐治亚州全国演讲协会（National Speakers Association of Georgia）和我的"星期六女性团"（Saturday woman's group）以及伯雷特·克勒作家社区，感谢你们给予我的挑战和提高，让我走向卓越。

特别感谢我的助理阿琳·科恩（Arlene Cohn），编辑丹尼尔·古德曼（Danielle Goodman），图书制作人戴夫·皮蒂（Dave Peattie）以及版权编辑卢·杜塞特（Lou Doucette），感谢伯雷特·克勒评论家团队对本书做出的重大贡献。

当然，感谢我的读者、听众和客户们，从一开始到现在，推动整个项目和其他方面向前发展。感谢你们每一个人，你们慷慨分享了你们的智慧以及你们对一个更具包容性的职场的承诺。在这段有意义的旅程中，是你们每天都在为我加油。